KÖNIGS ERLÄUTERUNGEN
Band 486

Textanalyse und Interpretation zu

Aravind Adiga

THE WHITE TIGER

Matthias Bode

Alle erforderlichen Infos für Abitur, Matura, Klausur und Referat
plus Musteraufgaben mit Lösungsansätzen

Bange Verlag

Zitierte Ausgabe:
Adiga, Aravind: *The White Tiger.* New York: Free Press (a Division of Simon & Schuster, Inc.), 2008.

Zitierte Hörbuchfassungen:
mp3-CD: Adiga, Aravind: *The White Tiger.* Ungekürzte Lesung durch John Lee. Old Saybrook, Connecticut: Tantor Media, Inc., 2008.
Audio-CD: Adiga, Aravind: *The White Tiger.* Ungekürzte Lesung durch John Lee. Old Saybrook, Connecticut: Tantor Media, Inc., 2008.

Über den Autor dieser Erläuterung:
Matthias Bode ist Lehrer für Geschichte und Englisch am Gymnasium Elisabethschule in Marburg.

2. Auflage 2017
ISBN: 978-3-8044-2004-5
PDF: 978-3-8044-6004-1, EPUB: 978-3-8044-7004-0

Titelbild: Rikscha neben Taxi © ullstein bild – sinopictures/Maciej Dakowicz
Druck und Weiterverarbeitung: Tiskárna Akcent, Vimperk

1. DAS WICHTIGSTE AUF EINEN BLICK – SCHNELLÜBERSICHT

Damit sich jeder Leser rasch zurechtfindet und das für ihn Interessante gleich entdeckt, ist den Erläuterungen in diesem Band eine knappe Übersicht vorangestellt.

Indien ist „in", nicht erst seit dem Kinofilm *Slumdog Millionaire*, dem Oscar-Gewinner 2009. Bollywood ist „in". Romane aus und über Indien sind ebenfalls „in" – wie der Man Booker Prize 2008 für Aravind Adigas *The White Tiger* beweist.

Im 2. Kapitel beschreiben wir **Adigas Leben** und stellen den **zeitgeschichtlichen Hintergrund** dar:

⇨ S. 10

→ Aravind Adiga wurde **1974 in Madras geboren**. Er wuchs in Mangalore in Südindien auf. Nach dem Tod der Mutter im Jahre 1990 zog er mit dem Vater nach Australien. Er studierte in New York und in Oxford und arbeitete seit 2000 als Journalist. 2003 wurde er Indienkorrespondent der amerikanischen Zeitschrift *TIME*.

⇨ S. 11 ff.

→ Indien, die größte Demokratie der Welt, ist ein **Land im Aufbruch**. Dieser Aufbruch sorgt für schnellen Reichtum in den indischen Metropolen, aber bislang nur für wenig Veränderung auf dem Land, "in the Darkness" (S. 16), wie Adiga seinen Helden Balram sagen lässt. Ganz ähnliche gesellschaftliche Probleme hat China. Daraus ergibt sich die formale Grundidee des Romans: dass er in Form von Briefen an den chinesischen Ministerpräsidenten Wen Jiabao geschrieben ist.

Im 3. Kapitel bieten wir eine **Textanalyse und -interpretation**.

The White Tiger – Entstehung und Quellen:

The White Tiger ist Aravind Adigas erster Roman. Angeregt wurde er dazu von seinen Reisen durch Indien nach 2003. Im Jahre 2005 war die erste Fassung fertig.

⇨ S. 23 ff.

Inhalt:

Der Roman besteht aus acht Kapiteln, acht Briefen an Wen Jiabao. Er erzählt eine **Aufstiegsgeschichte**, nicht vom Tellerwäscher zum Millionär, wie wir sie aus den USA kennen, sondern, als indientypisches Pendant, vom Kind armer Leute und Aushilfskellner zum Besitzer eines Taxiunternehmens. Charakteristisch für den Roman ist sein **Humor**; einige Passagen scheinen satirisch überzeichnet; andere dagegen zeigen eine stille Traurigkeit – und dies alles vor dem Hintergrund aufrüttelnder Mitteilungen über himmelschreiende Ungerechtigkeiten, **Korruption und Verbrechen** in der indischen Oberschicht.

⇨ S. 27 ff.

Adigas Roman zeichnet den sozialen Aufstieg Balrams nach, berichtet aber auch von den dunklen Seiten Indiens, fernab von Bollywood-Romantik. Er berichtet von der Beziehung des Herrn zum Knecht, von **krassen sozialen Unterschieden**. Gleichzeitig zeigt er die Möglichkeit der sozialen Mobilität und stellt die Frage, welchen Preis Menschen dafür zu zahlen bereit sind.

Chronologie und Schauplätze:

Der Roman spielt im **Indien der Gegenwart**, in der Zeit nach 2003. Der Erzähler blickt zurück auf seine Kindheit und Jugend auf dem Land. Den Hauptteil machen die acht Monate aus, die er in Delhi verbringt. Schauplätze sind **das fiktive Dorf Laxmangarh** und die **Industriestadt Dhanbad** im Nordosten des Landes sowie die **Hauptstadt Delhi**. Die Erzählung beginnt und endet in der Stadt **Banga-**

⇨ S. 46 ff.

lore im Süden, wo der Erzähler lebt und von wo aus er sich an den chinesischen Premier wendet. Da sich der betont undisziplinierte Erzähler immer wieder von seinen Assoziationen treiben lässt, wechselt er oft zwischen den Schauplätzen der Handlung hin und her.

Personen:

⇨ S. 57 ff.

Die Hauptpersonen sind

Balram Halwai:
- → der Erzähler; jung, aber bereits mit allen Wassern gewaschen,
- → Mr. Ashoks Chauffeur, Aufsteiger, Mörder, Unternehmer,
- → jedoch nicht gewissenlos; sich seiner Herkunft bewusst.

Mister Ashok:
- → der Sohn eines Grundherrn und Unternehmers,
- → aus Amerika zurückgekehrt,
- → kommt mit den Verhältnissen in Indien nicht zurecht.

Pinky Madam:
- → Mr. Ashoks Frau,
- → will zurück nach New York,
- → ist angewidert vom Leben und der Korruption in Indien,
- → verlässt ihren Mann.

Wir stellen diese Hauptpersonen ausführlich vor und nennen auch die anderen Personen und ihre sozialen Schichten.

⇨ S. 77 ff.

Es folgen ausführliche **Erläuterungen und Kommentare** zum indienspezifischen Hintergrund.

Stil und Sprache Adigas:

Vorherrschend ist ein einfacher Stil, der der Figur eines Erzählers ohne Schulbildung entspricht. ⇨ S. 102 ff.

Vier Interpretationsansätze werden in diesem Band vorgestellt:

⇨ S. 105 ff.

- → *The White Tiger* und der *American Dream*;
- → *The White Tiger* ist ein Beispiel für Literatur der Globalisierung;
- → *The White Tiger* steht in mancher Hinsicht in der Tradition der sozial engagierten Romane von Charles Dickens.
- → *The White Tiger* ist die Geschichte einer Selbstbefreiung.

Gesellschaftskritik steht im Mittelpunkt des Romans.

Aravind Adiga
geb. 1974
© Rune Hellestad/
Corbis

2. ARAVIND ADIGA: LEBEN UND WERK

2.1 Biografie

JAHR	ORT	EREIGNIS	ALTER
1974	Madras (heute Chennai), Indien Mangalore, Indien	23. Oktober: Geburt als Sohn gebildeter Eltern der Mittelschicht. Der Großvater ist Arzt und Anwalt, der Vater Arzt. Umzug nach Mangalore. Schulbesuch in Mangalore.	
1990	Mangalore Australien	Tod der Mutter. Umzug nach Australien.	16
1992	Syndey, Australien	Schulbesuch des St. Aloysius College, Schulabschluss in Australien.	18
1997	Columbia University, New York, USA	Studium: Jahrgangsbester mit einem B. A. (Bachelor of Arts) in Literatur.	23
	Oxford, Großbritannien	Studium: Magdalen College in Oxford mit einem Master in Englischer Literatur.	
2000	Washington, New York, USA	Arbeit als Journalist.	26
2003	Neu Delhi, Indien	Indienkorrespondent für *TIME*.	29
2005	Neu Delhi, Indien	Als freier Autor in Indien, Arbeit an *The White Tiger*.	31
2006	Mumbai, Indien	Umzug nach Mumbai.	32
2008		Publikation von *The White Tiger*, Verleihung des *Man Booker Prize*. *Between the Assassinations* (Kurzgeschichtensammlung), seit zwei Jahren beim Verlag, wird aufgrund des Erfolges von *The White Tiger* publiziert.	34
2011		*Last Man in Tower* (Roman) erscheint.	37

2.2 Zeitgeschichtlicher Hintergrund

ZUSAMMENFASSUNG

- → Indien ist seit 1947 unabhängig.
- → Indien ist die größte Demokratie der Welt.
- → Seit den 1990er-Jahren wird eine wirtschaftliche Öffnung des Landes betrieben.
- → Der Wirtschaftsaufschwung lässt eine indische Mittelschicht entstehen.
- → Globalisierung bedeutet, dass auch in Indien Menschen westliche Bedürfnisse haben.
- → Armut bildet aber für Millionen Menschen in Indien immer noch ein Problem.

Moderne Geschichte Indiens

Der Erzähler Balram erwähnt als Kontrastfigur zur von Korruption beherrschten Politik der von ihm geschilderten Gegenwart immer wieder Mahatma Gandhi (1869–1948). Dessen Wirken markiert den Beginn des modernen Indien und auch den moralischen Anspruch, an dem sich die heutige indische Politik nach wie vor messen lassen muss.

Britische Kolonialherrschaft

Bereits im 17. Jahrhundert waren große Teile des heutigen Indien unter britische Kontrolle geraten. Nach einem landesweiten Aufstand Mitte des 19. Jahrhunderts organisierte Großbritannien das Land neu und verstärkte seine Kontrolle über das Land, die erst 1947 mit der Unabhängigkeit Indiens endete. Die britische Herrschaft konnte über diese lange Zeit nur deshalb bestehen, weil weite Teile der indischen Oberschichten sich mit den Briten arrangierten, britische Werte und Einstellungen übernahmen und ihre Söhne zum Studium nach England schickten. Somit entstand bereits vor dem Ersten Weltkrieg eine westlich gebildete einheimische Elite, die Spitzenstellungen in der Verwaltung einnehmen konnte, aber nicht immer durfte. Diese indischen Intellektuellen waren die Ersten, die gegen die britische Herrschaft protestierten und den *Indian National Congress*, die heutige **Kongress-Partei**, gründeten. Einfluss auf die Massen gewann diese Organisation erst, als mit Mohandas Karamchand Gandhi, genannt **Mahatma** (zu Deutsch: große Seele) **Gandhi**, ein Mann auftrat, der den Kampf um Indiens Unabhängigkeit in den 1930er- und 1940er-Jahren mit ebenso radikalen wie fantasievollen Mitteln führte. Sein wichtigster Punkt war die Gewaltlosigkeit. Sie sollte vor allem dazu dienen, die britischen Polizisten und Soldaten schlecht aussehen zu lassen: Inder sollten auf keinen Fall Gewalt ausüben, Gewalt sollte immer nur von der Kolonialmacht ausgehen. Eng damit verbunden waren die Ideen der ‚Nicht-Zusammenarbeit' (*non-cooperation*) und des zivilen Ungehorsams (*civil disobedience*). Inder sollten sich einfach weigern, das zu tun, was die Kolonialmacht vorschrieb. Dann würde deutlich werden, dass sie nicht in der Lage war, sich den Millionen von Indern gegenüber durchzusetzen.

Indische Unabhängigkeitsbewegung

Diese Politik, die Gandhi gegen innerparteiliche Gegner durchsetzte, machte ihn zu einer der berühmtesten Gestalten des 20. Jahrhunderts und zu einer Art Heiligenfigur in Indien, wie es im Roman immer wieder durchscheint. Begünstigt wurde der indische Kampf um Unabhängigkeit durch den Umstand, dass die Kräfte Großbritanniens zur selben Zeit im Krieg gegen das nationalsozialistische Deutschland gebunden waren. Als sich 1945, nach Ende des Zweiten Weltkriegs, abzuzeichnen begann, dass Großbritannien nicht nur kriegsmüde, sondern auch nahezu bankrott war, war die **Unabhängigkeit Indiens** nur noch eine Frage der Zeit – und zwei Jahre später war Gandhi am Ziel. Zu seinem Ruhm trug aber sicherlich auch der Umstand bei, dass Gandhi 1948 bei einem Attentat durch

Mahatma Gandhi, Führer der indischen Unabhängigkeitsbewegung, mit dem ersten Ministerpräsidenten von Indien, Jawaharlal Nehru (l.) 1946 © ullstein bild – Reuters

einen Fanatiker ums Leben kam. Sein Mythos konnte daher von den Unzulänglichkeiten des nun freien Indien nicht mehr beschädigt werden.

Zu diesen Problemen gehört auch, dass die Kolonialmacht Großbritannien in einer ihrer letzten Handlungen **1947 die Teilung des alten Britisch-Indien** verfügte. Nicht nur Birma (Myanmar), sondern auch ein **islamischer Staat Pakistan** wurde vom mehrheitlich hinduistischen Indien abgetrennt. Nach der Teilung wurden Millionen von Menschen aus den jeweiligen neuen Staaten wegen ihrer Religion vertrieben. Dabei starben Hunderttausende. Seitdem stehen sich Indien und Pakistan verfeindet gegenüber und

Entstehung Pakistans

haben insgesamt vier Kriege gegeneinander geführt. Besonders umkämpft ist bis heute die Himalajaregion Kaschmir. Im pakistanischen Bürgerkrieg von 1971, der zur Teilung des Landes in einen Westteil (das heutige Pakistan) und einen Ostteil (das heutige Bangladesch) führte, spielte Indien eine wichtige Rolle. Der anhaltende Konflikt beider Länder hat heute eine neue Qualität dadurch erreicht, dass beide Länder mittlerweile Nuklearmächte sind. Das blutige Attentat auf ein Hotel im Mumbai im Jahre 2008 wurde von Pakistanern geplant – seitdem sind die Beziehungen zwischen beiden Staaten so schlecht wie schon lange nicht mehr. Die im Roman immer wieder auftauchende Rivalität zwischen Muslimen und Hindus (vgl. etwa S. 7) liegt hier begründet. Der im Roman auch immer wieder erwähnte bitterarme Nachbarstaat Nepal (vgl. etwa S. 49) liegt nördlich von Indien direkt am Himalaja.

Demokratie als Selbstverständlichkeit

Indien ist die **größte Demokratie der Welt**. Seit der Unabhängigkeit fanden auf Bundes- und Landesebene regelmäßig Wahlen statt und das Land kam ohne die sonst in der Dritten Welt üblichen Militärputsche und Episoden als Diktatur aus, wenn man von zwei Jahren **Ausnahmezustand zwischen 1975 und 1977** absieht. Zwar ist das Land mit rund 300 Millionen Analphabeten und über 400 Millionen unterhalb der Armutsgrenze lebenden Menschen anfällig für **Korruption** und nachlässige Verwaltung und dadurch weniger effizient als Europa oder das undemokratische China – aber seine Regierungen können sich auf eine demokratische Legitimation berufen und sind im Land weitgehend akzeptiert. Nur die im Roman erwähnten **Naxal-Terroristen** (vgl. etwa S. 21 und 177) kämpfen gegen das demokratische System.

Indiens Nehru-Gandhi-Dynastie

Sicherlich die einflussreichste Familie Indiens ist die Familie Nehru-Gandhi. Motilal Nehru (1861–1931) war ein Politiker im

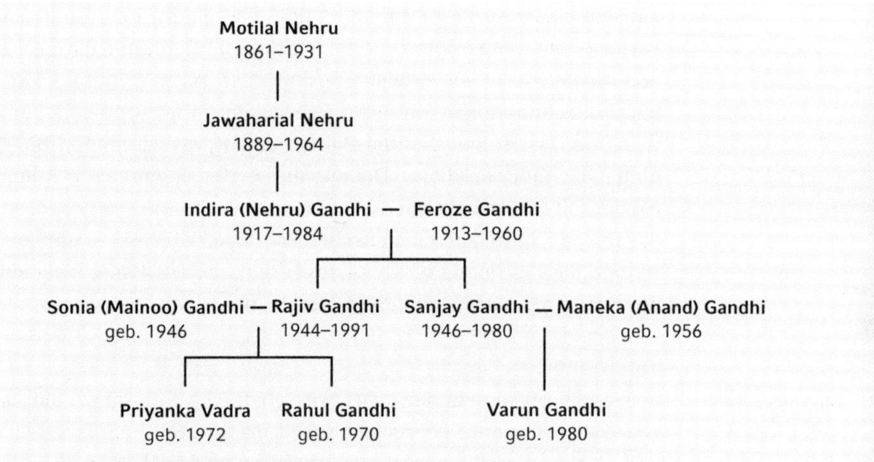

Umfeld von Mahatma Gandhi, sein Sohn **Jawaharlal Nehru** (1889–1964) wurde Ministerpräsident des unabhängigen Indien von 1947 bis zu seinem Tod. Dessen Tochter **Indira** heiratete einen Geschäftsmann namens Gandhi und trug so den berühmten Namen weiter. Sie war 1966 bis 1977 und 1980 bis 1984 Ministerpräsidentin Indiens. Sie starb bei einem von ihren Leibwächtern verübten Attentat. Ihr Sohn **Rajiv** übernahm nach ihrem Tod das Amt und blieb bis 1989 Ministerpräsident. Er wurde 1991 ermordet. In seine Amtszeit fällt der **Bofors-Skandal**, der größte Korruptionsskandal der indischen Geschichte, in dessen Zentrum der schwedische Rüstungskonzern Bofors stand, der enorme Summen für Rüstungsaufträge an indische Politiker bezahlt haben soll. Rajiv Gandhis im Roman genannte Frau **Sonia** (vgl. S. 112 f.; geb. 1946, Heirat 1968) stammt aus Italien, ist katholisch und wurde erst 1983

Politik in den 1980er- und 1990er-Jahren

indische Staatsbürgerin. Im Jahre 1998 übernahm sie offiziell den Parteivorsitz der Kongress-Partei. Nach dem Sieg ihrer Partei bei den Wahlen von 2004 verzichtete sie jedoch zugunsten ihres Parteifreunds Manmohan Singh auf das Amt des Ministerpräsidenten.

Adiga lässt seinen Helden Balram einen provozierenden Blick hinter die Kulissen dieser Demokratie werfen. Wenn auch Adiga wiederholt erklärt hat, ‚nur' einen Roman geschrieben zu haben, ist die ätzende Satire auf den indischen Politikbetrieb doch so unübersehbar, dass es immer wieder Kritiker gibt, die *The White Tiger* als notdürftig mit Handlung versehenen Politik-Essay bezeichnen.

Indien heute

Marktwirtschaftliche Reformen

Seit 1991 verfolgt Indien marktwirtschaftliche Reformen, die es von der vorherigen, eher sozialistisch inspirierten Politik der Familie Nehru-Gandhi wegführen. Die **Öffnung der Märkte** und die Liberalisierung der zuvor überregulierten Wirtschaft haben einen nun seit fast 20 Jahren anhaltenden Aufschwung mit einem durchschnittlichen jährlichen Wirtschaftswachstum von mehr als 5 Prozent gebracht. Der heutige Ministerpräsident **Manmohan Singh** hat 1992 als Finanzminister das Land wirtschaftlich zum Ausland hin geöffnet. Er wurde im Mai 2009 nach einer ersten Amtszeit als Regierungschef wiedergewählt.

Indien in der globalisierten Welt

Indische Unternehmen gehören in einigen Sektoren bereits zur Weltspitze. So hat der Stahlkonzern **Mittal** 2006 den europäischen Konkurrenten Arcelor gekauft und ist seitdem der größte Stahlproduzent der Welt; der Automobilhersteller **TATA** konnte 2008 mit *Jaguar* und *Land Rover* die Reste der britischen Automobilproduktion erwerben – eine besondere Genugtuung angesichts der Geschichte beider Länder. Im Computer- und Telekommunikationsgeschäft wird der Erfolg Indiens dadurch erleichtert, dass eine große Zahl Englisch sprechender Hochschulabsolventen zur Verfügung steht. Dies erleichtert das „**Outsourcing**", bei dem Jobs aus den USA oder aus anderen englischsprachigen Ländern nach Indien verlegt werden, etwa in Call-Centern (ein Thema des Dokumentarfilms *John & Jane*, vgl. Kap. 5 dieser Erläuterung) oder in der Software-Branche.

Dieses glänzende Outsourcing-Geschäft ist auch Balrams Chance: Als Chef eines Taxi-Unternehmens sichert er sich seinen Teil des Kuchens. Bangalore wird im Roman zu Recht als *the world's center of Technology and Outsourcing* (S. 1) beschrieben.

Je nach Definition erreicht die „**indische Mittelklasse**" mittlerweile eine Zahl zwischen 100 und 200 Millionen Menschen, also in etwa die Gesamtbevölkerung Deutschlands und Frankreichs zusammen (Gesamtbevölkerung von Indien: 1,2 Milliarden, EU: 500 Millionen, USA: 300 Millionen). So gab es 2008 in Indien etwa 80 Millionen Internet-Nutzer und 2009 über 400 Millionen Mobilfunkverträge.

Soziale Ungleichheit

Dieser immer größer werdenden Gruppe von Neureichen der Mittel- und Oberschicht steht eine noch immer gewaltige Gruppe von Armen gegenüber – rund 700 Millionen Menschen, die vor allem auf dem Land leben. Doch trotz der Computerfirmen, Serverparks und eines eigenen Weltraumprogramms leidet Indien immer noch unter einer mangelhaften Infrastruktur und weiterhin verbreiteter Korruption. Die Schilderungen, wie Ashok und später Balram sich mit Bestechungsgeldern aus dem Würgegriff einer hemmungslosen Bürokratie freikaufen müssen, sind daher keine satirische Überzeichnung.

Fehlende Bildung

Die größten Probleme des Landes sind fehlende Bildung und soziale Ungleichheit: Jeder vierte Inder (rund 300 Millionen Menschen) ist Analphabet; und rund ein Drittel der Bevölkerung lebt unterhalb der Armutsgrenze von 1,25 Dollar am Tag.

Dass dieser Staat nicht auf die Gegenliebe aller Inder stößt, beweisen die **Naxals**. Die auch im Text immer wieder erwähnten

Terroristen (vgl. etwa S. 177) verstehen sich als Befreier des armen Indiens. Sie verüben seit Jahren Bombenanschläge auf Militär, Polizei, aber auch Bahnlinien, Schulen und Krankenhäuser. Das Erstaunliche an Gruppen wie den Naxals ist aber nicht ihre Existenz, sondern im Gegenteil ihr geringer Rückhalt in der Bevölkerung. Wie im Roman angemerkt (vgl. etwa S. 149), ist die **Kriminalität** in Indien **gering**, im Vergleich zu Südamerika etwa. Die Nachbarländer Pakistan, Nepal, Sri Lanka und Bangladesch sind oder waren in blutige Bürgerkriege verwickelt, Indien nicht.

Terroristen haben nur geringen Rückhalt in der Bevölkerung

China seit den 1990ern

Die **Rolle Chinas in der Welt** hat sich seit den 1990er-Jahren massiv gewandelt. Bereits 1978 hatte der damalige Staats- und Parteichef Deng Xiaoping sein Land auf Wandel eingeschworen, als er die Parole „Bereichert euch!" ausgab. Seitdem öffnet sich China dem Welthandel, zunächst zögerlich, seit den Neunzigerjahren jedoch mit atemberaubendem Tempo. Chinas wirtschaftliche Entwicklung verläuft schneller als die Indiens, möglicherweise aber weniger solide finanziert und weniger nachhaltig. Der entscheidende Unterschied zu Indien aber ist **das politische System**. China ist noch immer offiziell ein kommunistischer Staat, dessen regierende kommunistische Partei nach außen hin an Planwirtschaft und staatlicher Kontrolle und Wirtschaftslenkung festhält, auch wenn sie in der Praxis einen marktwirtschaftlichen Kapitalismus fördert, der seinen Vorbildern in Europa und Amerika in nichts nachsteht. Die Frage ist, wie lange die Einparteienherrschaft der Kommunistischen Partei der breiter werdenden Schicht wohlhabender Unternehmer und Manager die politische Mitsprache verweigern kann. Noch hat die Staatsführung diesen Widerspruch innenpolitisch mithilfe einer scharfen Zensur und massiver polizeilicher Unterdrückung im Griff.

Entscheidender Unterschied zu Indien

Die Konkurrenz zwischen China und Indien als äußerer Erzählanlass des Romans

Der beginnende indische Aufschwung könnte auf Dauer zu einer Konkurrenzsituation zwischen den beiden großen Ländern führen, zumal China außenpolitisch ein Bündnis mit Pakistan pflegt. Indien und China haben außerdem eine gemeinsame Grenze im Kaschmirgebiet des Himalaja. Das könnte sowohl das im Roman angedeutete Interesse Chinas erklären, die kommunistischen Naxal-Terroristen zu unterstützen (vgl. S. 177), wie auch die im Roman geäußerte These, die Zukunft der Welt liege in den Händen der braunen (indischen) und gelben (chinesischen) Menschen (vgl. S. 262).

Brisanz der Grundidee

Diese Hintergründe verdeutlichen die Brisanz der Grundidee, die den Roman trägt: Der chinesische Regierungschef Wen Jiabao (seit 2003 im Amt) will Bangalore besuchen, um Unternehmer kennenzulernen. Indien erscheint somit als Vorbild für China. Aber Balram erzählt ihm von der dreckigen Realität der indischen Gesellschaft.

2.3 Angaben und Erläuterungen zu wesentlichen Werken

ZUSAMMEN-FASSUNG

- → *The White Tiger* ist der erste Roman Adigas und gleichzeitig ein internationaler Erfolg.
- → Vor *The White Tiger* hatte Adiga journalistische Texte veröffentlicht.
- → Seine Kurzgeschichtensammlung *Between the Assassinations,* bereits seit 2006 druckfertig, wurde erst nach dem Erfolg des *White Tiger* 2008 von Adigas Verlag veröffentlicht.
- → Adigas zweiter Roman *Last Man in Tower* erschien 2011.

The White Tiger ist Aravind Adigas Erstlingswerk. Es wurde, ungewöhnlich genug für ein literarisches Debüt, 2008 mit dem renommierten *Man Booker Prize for Fiction* ausgezeichnet und war bereits vor der Preisverleihung ein Bestseller, auch in Indien.

Adigas zweites Buch, die Kurzgeschichtensammlung ***Between the Assassinations*** („Zwischen den Attentaten"), erschien 2008 in Indien. Die plötzliche Berühmtheit des Autors aufgrund des *Booker*-Preises veranlasste den Verlag, das bereits seit zwei Jahren fertige Manuskript zu drucken. Insofern ist *Between the Assassinations* der eigentliche Erstling und ein Vorläufer zu *The White Tiger*. Das Buch bezieht sich auf die Zeit zwischen den Attentaten auf Indira Gandhi (1984) und ihren Sohn Rajiv Gandhi (1991). Es spielt damit vor *The White Tiger*, in einer Zeit, als sich Indien noch nicht der Globalisierung geöffnet hatte.

Die zwölf inhaltlich und durch die auftretenden Figuren miteinander verbundenen Kurzgeschichten spielen in der fiktiven Stadt Kittur im Südwesten des Landes. Die Geschichten drehen sich um Teehäuser, Lastträger, Muslime und Hindus, Korruption und Kastenwesen, Busfahrer und Kinder, die von ihrer Familie zu Verwandten in die Stadt geschickt werden, einen Fall von Fahrerflucht eines reichen Mannes, der einen seiner Arbeiter dafür ins Gefängnis gehen lässt, ja selbst um einen ausgebeuteten Rikschafahrer, der darüber nachdenkt, jemanden umzubringen und mit dem Geld durchzubrennen – also um ähnliche Themen, wie sie auch in *The White Tiger* behandelt werden.

Zusammenhänge zwischen *The White Tiger* und *Between the Assassinations*

Adiga gelingt es im zweiten Anlauf in *The White Tiger* besser, diese Themen in eine Handlung einzubauen. Der entscheidende Unterschied liegt aber darin, dass die Charaktere in *Between the Assassinations* sich zwar an den Umständen ihrer Existenz reiben, sich vielleicht auch dagegen auflehnen, dass ihnen aber der Ausbruch in ein selbstbestimmteres Leben nicht gelingt – das bleibt Balram Halwai in *The White Tiger* vorbehalten.

Last Man in Tower

Adigas zweiter Roman *Last Man in Tower* (2011) spielt im modernen Mumbai: Inmitten eines Baubooms weigert sich ein alter Mann, sein zum Abriss bestimmtes Zuhause zu verlassen. Erneut wendet sich Adiga also den kleinen Leuten inmitten einer aufstrebenden Stadt zu.

Neben den drei erwähnten Büchern sind noch **vier Kurzgeschichten** Adigas in verschiedenen Zeitschriften und Zeitungen erschienen: *Last Christmas in Bandra* und *Smack* (beide in: *The Times*, 2008), *The Sultan's Battery* (in: *The Guardian*, 2008) sowie *The Elephant* (in: *The New Yorker*, 2009). *The Sultan's Battery* ist ein einzeln veröffentlichtes Kapitel aus *Between the Assassinations*, und auch die Geschichten *The Elephant* und *Smack* spielen in der fiktiven Stadt Kittur aus *Between the Assassinations*. Diese Geschichten sind über die Homepage aravindadiga.com zu finden, *Last Christmas in Bandra* über die übliche Internet-Recherche.

3. TEXTANALYSE UND -INTERPRETATION

3.1 Entstehung und Quellen

ZUSAMMENFASSUNG

2003 Adiga kehrt aus den USA nach Indien zurück und bereist das Land.
2005 Abschluss eines ersten Entwurfs von *The White Tiger*.
2006 Überarbeitung des Werks.
2008 Veröffentlichung des Romans.

Literatur ist meist nicht nur durch die Erfahrung von Wirklichkeit inspiriert, sondern auch durch das **Vorbild bereits existierender literarischer Werke**. Das gilt auch für Adigas Roman. Einen ersten Hinweis auf eine solche literarische Anregung hat Adiga in einem Artikel in der britischen Tageszeitung *The Independent* gegeben: In Agatha Christies Roman *The Murder of Roger Ackroyd* (1926) erweist sich der Ich-Erzähler selbst als der Mörder. Diese Konstellation hat Adiga aufgegriffen.[1] Zudem hat sich Adiga nach eigenem Zeugnis von den Werken sozialkritischer westlicher Schriftsteller beeinflussen lassen. Er nennt beispielsweise Vladimir Nabokov, Mark Twain, Ralph Ellison und James Baldwin, Honoré de Balzac und Charles Dickens. Sie alle hätten unbequeme Wahrheiten über ihre Zeit aufgedeckt und letztlich zur Beseitigung der von ihnen geschilderten Missstände beigetragen.

Literarische Einflüsse aus Europa und den USA

Seinen **ursprünglichen Plan**, nach seiner Rückkehr nach Indien im Jahre 2003 als Korrespondent des *TIME Magazine* **ein literarisches Porträt seiner Heimatstadt Mangalore** zu schreiben, musste

---

1 Aravind Adiga: *How English literature shaped me*. In: THE INDEPENDENT, Friday, 17 July 2009

Adiga radikal ändern, als er das erste Mal seit seiner Kindheit wieder in die Stadt kam und feststellte, dass er große Teile des dortigen Lebens außerhalb seiner eigenen Mittelschicht-Umgebung nicht kannte. Von 2003 bis 2005 kam Adiga viel herum, reiste kreuz und quer durch Indien und schrieb nebenbei eigene literarische Texte. Er habe, erklärte er in einem Interview, immer über jemanden anderen als sich selbst schreiben wollen. Angesichts seines eigenen Mittelschicht-Hintergrunds wollte er auch über die Armen schreiben, die ein so ganz anderes Leben führten, als er selbst in seiner Jugend gelebt habe. Die Kontraste Indiens habe er auf seinen Reisen beobachtet, an Bushaltestellen, in Bahnhöfen oder auf der Straße. All das wollte er in *Between the Assassinations* beschreiben. Seine Reisen durch das Land vermittelten ihm jedoch so viele Eindrücke, dass er das Buchprojekt umbaute: Die nun fiktive Stadt Kittur erlaubte, viel mehr in den Geschichten unterzubringen, als das im realen Mangalore als Schauplatz möglich gewesen wäre. Die erste Fassung war 2006 fertig, als er bereits an *The White Tiger* zu schreiben begonnen hatte. Um beide Projekte von einander abzugrenzen, erzählt *Between the Assassinations* vom alten Indien, von der Zeit vor 1991, während *The White Tiger* das Indien der Gegenwart beschreibt.

Rückkehr nach Indien und literarische Anfänge

Die eigentliche Entstehung von *The White Tiger* fällt ins Jahr 2005. Im April 2005 besuchte der chinesische Ministerpräsident Wen Jiabao tatsächlich Indien. So entstand die Idee, wie der Stoff erzählt werden könnte. Ein erster Entwurf des Romans wurde 2005 fertig. Adiga legte ihn unzufrieden zur Seite. Diese erste Version mit einer *third-person narrative*, einem allwissenden Erzähler, erzählte die Geschichte eines Dieners, der seinen Herrn tötet und dann am Ende in Bangalore von der Polizei geschnappt wird. Bis Dezember 2006 hatte Adiga die Geschichte umgeschrieben, die nun einen Ich-Erzähler hatte, was eine größere Unmittelbarkeit des Erlebens

Die eigentliche Entstehung von *The White Tiger* fällt ins Jahr 2005

Überarbeitung von *White Tiger* im Jahr 2006

Kalkutta 2007: Rikschafahrer und Taxi, ein Hindustan Ambassador

ermöglichte. Durch die neue Erzählperspektive sei das neue Ende nötig geworden.

Große Teile des Romans *The White Tiger* entstanden in Neu Delhi, doch das **entscheidende Ereignis**, so Adiga, sei eine Begegnung mit Rikscha-Ziehern im Jahre 2006 in Kolkata (ehemals Kalkutta) gewesen. Dort habe ihm ein alter Mann seine Lebensgeschichte erzählt. Die stille Würde des Mannes, der andere, die zu faul zum Laufen sind, durch die Straßen der Stadt zog, sein Wunsch, dass sein Sohn es einmal besser haben solle, sein Stolz darüber, dass sein Sohn Englisch könne, aber auch sein Problem, seine Töchter verheiraten zu müssen, seien in den Roman eingegangen, berichtet

Adiga in dem Artikel *Taking Heart from the Darkness*, der im September 2008 im *Tehelka Magazine* (Band 5, Heft 38 vom 27. September 2008) erschienen ist. Für weitere Informationen sei auch auf den Artikel *My Wild Trip Home* (2009) von Adiga hingewiesen.[2]

Ein guter Freund, der 1975 geborene amerikanische Filmemacher iranischer Herkunft Ramin Bahrani, sei eine ständige Unterstützung gewesen. Deshalb sei der Roman ihm gewidmet.

---

2 http://www.thedailybeast.com/blogs-and-stories/2009-06-10/half-blinded-by-india/ (Stand: April 2012)

3.2 Inhaltsangabe

ZUSAMMEN-FASSUNG

Die Geschichte des Romans ist die eines Mannes auf der **Suche nach persönlicher Freiheit**. Der Roman handelt von Balrams Versuch, aus dem Käfig aus Armut und Unterdrückung, in den er sich durch seine Herkunft eingesperrt sieht, auszubrechen.

Die ersten drei Kapitel (S. 1–95) beschreiben die bedrückende Situation des jungen Balram und das Leben im Dorf. Adiga schildert, wie der Held der Geschichte aus der Schule genommen wird, dann als Kellner in einem *tea shop* arbeitet und später als Fahrer reicher Leute erst nach Dhanbad kommt und seine Herrschaft schließlich nach Delhi begleiten soll.

Dort spielen die vier mittleren Kapitel (S. 97–247). In Delhi lernt Balram allmählich zu durchschauen, wie die indische Gesellschaft funktioniert. Vorsichtig versucht er, seine Einsichten zu seinem Vorteil zu nutzen. Der Mord an seinem Arbeitgeber Ashok am Ende der sechsten Nacht des Berichts (S. 246) markiert den Schlusspunkt dieser Entwicklung.

Das Schlusskapitel bildet eine Art Epilog. Es handelt vom freien Leben eines freien Unternehmers; Balram hat sich von dem geraubten Geld eine eigene Existenz aufgebaut. In der Zukunft möchte er anders leben als die Leute, denen er bislang begegnet ist.

The First Night – Die erste Nacht (ab S. 1 des Romans, mp3-Track 1 bzw. CD 1, Track 1)

Einleitung – Erwähnung von Pinky und Ashok – das Fahndungs-Poster – der Tod der Mutter – das Dorf Laxmangarh – der Vater und die Familie – die Grundherren

Nachdem er in der Zeitung gelesen hat, dass der chinesische Ministerpräsident Wen Jiabao Indien besuchen wolle, beschließt der "*White Tiger*" (S. 1), ein Unternehmer namens Balram, wie er sich einige Seiten später vorstellt, dem chinesischen Gast die Wahrheit über Indien zu berichten. Damit meint er seine eigene Lebensgeschichte, die er – in Form eines langen Briefes – der offiziellen Propaganda als andere Sicht auf die Wirklichkeit des Landes entgegenstellen möchte.

Der Erzähler ordnet seine Erinnerungen zunächst entlang eines Steckbriefs, mit dem die indische Polizei landesweit nach ihm gesucht hat. Er folgt dessen Stichworten, um sich selbst seines Lebens zu erinnern und zu vergewissern.

Tod der Mutter

Die ersten prägenden Erinnerungen gelten dem Tod der Mutter und ihrer folgenden Verbrennung am Ganges. Danach berichtet er über das Leben in seinem Geburtsort Laxmangarh, einem kleinen Dorf in der Dunkelheit ("*the Darkness*", S. 12), wie Balram das ländliche Indien nennt. Zunächst steht seine Familie im Mittelpunkt, danach berichtet er über die Grundherren, die das Leben im Dorf beherrschen.

Schulbesuch

Weil Balram ein cleverer Junge ist, besteht sein Vater darauf, dass er in die Schule geht. Dort fällt dem Dorfschullehrer auf, dass der Junge noch keinen Namen hat, sondern nur "*Munna*" (S. 10), eben Junge, genannt wird. Er nennt ihn Balram (vgl. S. 11), und die Familie nimmt es hin. Balram hat gute Chancen, in der Schule voranzukommen. Der Schulinspektor vergleicht ihn eines Tages wegen seiner Begabung mit dem weißen Tiger, einem Wesen, das nur einmal in einer Generation vorkommt. Als aber für eine Hochzeit in der Familie eine hohe Mitgift fällig ist, wird der Junge aus der Schule genommen, damit er Geld verdienen kann, mit dem die Familie die Schulden bei den Grundherren bezahlen kann.

Am Ende des Berichts der ersten Nacht macht Balram deutlich, wofür er eigentlich steckbrieflich gesucht wird: für den Mord an seinem Herrn und Arbeitgeber.

The Second Night – Die zweite Nacht (ab S. 37, mp3-Track 3 bzw. CD 2, 1)

Tod des Vaters – Korruption in Indien – Dhanbad: Arbeit im tea shop *und Autofahren lernen – Bordellbesuch – Fahrer für Ashok – Kastenwesen – Leben im Haushalt des* Stork *– Besuch in Laxmangarh*

Zu Beginn des Kapitels stellt Balram seinen Ex-Arbeitgeber Ashok und dessen Frau Pinky vor. Er erläutert seine Beziehung zu beiden und charakterisiert sie als im Grunde nette Leute. Balram erzählt dann die Geschichte vom Tod seines Vaters: Sein Vater leidet an Tuberkulose, einer im Prinzip behandelbaren Krankheit. Gestützt von Balrams älterem Bruder Kishan und Balram geht er in das staatliche Krankenhaus, wo er aber kein Personal antrifft, sondern nur andere Kranke, wartend mit zum Teil ansteckenden Krankheiten auf dem Flur zusammengedrängt. Der mittlerweile im Sterben liegende Vater wird nicht versorgt. Die anderen Kranken erklären daraufhin, wie sich die Ärzte um ihre Aufgaben drücken können. Der Ärzteaufseher hat seinen Posten nur durch ein hohes Bestechungsgeld bekommen. Er bestellt daraufhin die ihm untergebenen Ärzte zu sich und verlangt nun gleichfalls hohe Summen, damit er sie nicht bei der Arbeit im öffentlichen Krankenhaus kontrolliert. Damit haben die Ärzte keinen Grund mehr, in Dorfkrankenhäusern zu er-

Tod des Vaters

scheinen, und können sich auf lukrative Privatbehandlungen beschränken.

Korruption

An diesem für Balrams eigene Geschichte so einschneidenden Beispiel wird die Korruption, die das öffentliche Leben in Indien bestimmt, exemplarisch erläutert.

Nur wenige Monate nach dem Tod des Vaters geht Balram nach Dhanbad, um dort in einem *tea shop* zu arbeiten. Er begleitet Kishan, der mit Balram zusammen lange auf der Straße lebt, weil ihr kärgliches Einkommen an die Familie im Heimatdorf geht. Im *tea shop* hört Balram, wie sich Kunden über Autos unterhalten: Sie seien die Zukunft des Landes, überall würden mit Autos Geschäfte gemacht. Begeistert von dieser Aussicht versucht er, Kishan und Großmutter Kusum (die in der Familie das Sagen hat) dazu zu bringen, ihm Fahrstunden zu ermöglichen. Am Ende gibt Kusum nach und zahlt seine Fahrstunden unter der Bedingung, dass er von seinem zukünftigen Lohn Geld nach Hause schickt. Balram stimmt zu, findet einen alten Taxifahrer, der ihm Fahrstunden erteilt, und lernt so Autofahren. Erneut muss er sich dabei über Kastenvorurteile hinwegsetzen: Ein Zuckerbäcker (Balram gehört zu der Kaste der “*sweet-maker*”, S. 53), wird ihm zunächst entgegengehalten, könne nicht Auto fahren.

Der Führerschein

Nach bestandener Fahrprüfung, über die nichts berichtet wird, nimmt der alte Fahrlehrer Balram mit in ein Bordell. Er möchte ihn zum Mann machen. Balram darf sich eine Prostituierte aussuchen, mit der er das erste Mal im Leben Sex hat. Er entscheidet sich für eine nepalesische Frau, für ein wenig Exotik. Der alte Fahrer führt ihn in die Geheimnisse der Prostitution ein. Eine Arbeitsstelle kann er ihm aber nicht beschaffen. So wandert Balram auf der Suche nach Arbeit durch die Straßen der Stadt und gelangt zu einem wohlhabend aussehenden Anwesen. An dessen Eingangstor versucht er, sich als Fahrer aufzudrängen. Er wird vom nepalesischen

Das Bordell

Wachmann abgewiesen. Als er jedoch den *Stork*, den Grundherrn aus Laxmangarh, erkennt, macht er sich laut bemerkbar. Der alte Mann dreht sich zu ihm um und nimmt ihn auf. Balram bekommt eine Stelle als Fahrer, weil genau in diesen Tagen ein Sohn des *Stork* aus den USA zurückgekehrt ist und nun selbst einen Fahrer benötigt. Balram hat Glück gehabt.

Die Anstellung als Fahrer

Der heimgekehrte Sohn Ashok fragt ihn, welcher Kaste er angehöre, um sich ein besseres Bild von seinen Fähigkeiten und seiner Vertrauenswürdigkeit zu machen. Da Balrams neue Arbeitgeber seine Familie kennen, glauben sie, sich auf seine Loyalität verlassen zu können. (Auch ohne dass es ausgesprochen werden muss, ist klar, dass sie es seine Familie büßen lassen werden, wenn er dieses Vertrauen enttäuscht.) Balram selbst teilt dem Leser in diesem Zusammenhang sarkastisch mit, früher, vor 1947, dem Zeitpunkt der offiziellen Abschaffung der Kasten, sei das Leben einfach und geordnet gewesen: Alle Menschen hätten das getan, was sie als Angehörige ihrer speziellen Kaste eben hätten tun müssen. Heute aber seien alle Menschen aus dem Käfig entlassen und nur zwei neue Kasten hätten sich gebildet: Die Reichen mit den dicken Bäuchen und die Armen mit den dünnen Bäuchen. Deshalb sei sein Vater nur Rikscha-Zieher geworden.

Das Leben im Haushalt des *Stork*

Balram schildert das Leben im Haushalt des *Stork* in Dhanbad: Er erklärt die hausinterne Hierarchie unter den Dienern, beschreibt die Autos, berichtet, wie er Cricket mit den Kindern und Badminton mit Ashoks Frau Pinky spielen muss. Er muss dem *Stork* die Beine massieren und für die Herren Alkohol kaufen gehen. Balram beschreibt seinen Raum, den er sich mit dem anderen, ihm feindlich gesonnenen Fahrer, Ram Persad, teilt. Eines Tages kommt Ashok vorbei und ist ganz erschüttert von der Tatsache, dass Balram auf dem Boden schläft. Er verspricht ihm ein besseres Zimmer.

Ashok möchte Pinky sein Heimatdorf zeigen. Balram fährt und so kommt er nach Jahren wieder nach Laxmangarh. Der Besuch wird für ihn zu einem großen Auftritt. Die Dorfbewohner bestaunen seine Fahreruniform und den großen neuen Wagen. Er besucht seine Familie. Dort kommt es zum Streit, weil er das Festessen verschmäht. Auch wird deutlich, dass er seit Monaten kein Geld mehr nach Hause geschickt hat. Überdies weigert er sich, von Großmutter Kusum verheiratet zu werden, wie dies den Traditionen des Dorfes entsprechen würde. Im Streit verlässt er seine Familie, besucht das alte Fort über dem Dorf (das ihn seit seiner Kindheit fasziniert, ohne dass er sich früher getraut hätte, ihm nahe zu kommen) und kehrt dann zu Ashok und Pinky zurück. Die warten schon auf ihn, denn Pinky ist abgestoßen von der Armut des Dorfes. Auf dem Heimweg treffen sie auf die Vorboten des beginnenden Wahlkampfes.

Besuch des Heimatorts

The Fourth Morning – Der vierte Morgen (ab S. 79, mp3-Track 5 bzw. CD 3, 3)

Demokratie in Indien: Vijay und die Wahlmanipulationen – Leben im Haushalt des Stork *– der* Great Socialist *und Vijay zu Besuch – Ram Persads Geheimnis – Fahrt nach Delhi*

In diesem Abschnitt berichtet Balram über die indische Demokratie und Politik. Die Chinesen hätten zwar Abwasserentsorgung, gesundes Trinkwasser und olympische Goldmedaillen, aber keine Demokratie. Indien hingegen habe zwar eine Demokratie, aber das andere nicht. Balram glaubt nicht, dass Indien die bessere Wahl getroffen habe. Trotzdem habe er nichts gegen Demokratie, im Gegenteil: Er verdanke ihr, wie er ironisch mitteilt, seinen Geburtstag. Weil der Besitzer des *tea shop* in Laxmangarh die Stimmen seiner Angestellten bei einer Wahl an den *Great Socialist* (S. 81) verkauft habe, wurde Balram von einem korrupten Beamten kurzerhand für achtzehn erklärt. Die Grundherren hatten noch versucht, den Wahlsieg des *Great Socialist* mit einer Konkurrenzpartei zu verhindern.

Demokratie auf dem Lande

Allerdings einigte man sich und so wurde der *Stork* der örtliche Vorsitzende der Partei des *Great Socialist*, mit dem Ex-Busfahrer Vijay als Stellvertreter. Der Wahlausgang war also schon vorher beschlossene Sache; doch die Reden von Demokratie waren einem der armen Rikscha-Zieher zu Kopfe gestiegen. Er wollte am Wahltag tatsächlich wählen gehen und seine unabhängige Stimme abgeben. Daraufhin wurde er von Polizisten und Vijay zu Tode geprügelt.

Der *Great Socialist* und das Schutzgeld

In Dhanbad geht das Leben im Haushalt des *Stork* trotz der bevorstehenden Wahlen seinen gewohnten Gang: Balram shampooniert die Hunde und massiert die Beine des *Stork*. Eines Tages kommt hoher Besuch: Der *Great Socialist* fährt vor und Vijay ist bei ihm. Balram ist völlig verblüfft und sehr erfreut, den Ex-Busfahrer und Helden seiner Kindheit nun an der Seite eines erfolgreichen Politikers zu sehen. Wenig erfreut hingegen ist die Familie des *Stork*, da der *Great Socialist* mit Nachdruck auf der Zahlung von Schutzgeld besteht. Er scheint Balrams Herren in der Hand zu haben. Als der *Stork* Widerstand andeutet, bittet der *Great Socialist* Balram, den Spucknapf zu holen, und hält ihn dem *Stork* hin. Kochend vor Wut über diese unglaubliche Demütigung muss der *Stork* den Spucknapf halten, damit der *Great Socialist* sein *paan* hineinspucken kann. Abschließend versucht der *Stork* noch, seinen Sohn Ashok vorzustellen, aber der *Great Socialist* lässt ihn einfach stehen und reist ab.

Enttarnung Ram Persads

Offensichtlich hat die Familie nun finanzielle Probleme. Als deutlich wird, dass Ashok nach Delhi reisen muss, möchte Balram unbedingt der Fahrer sein, um Dhanbad zu verlassen. Ram Bahadur, der nepalesische Hausangestellte, verlangt ein Bestechungsgeld, damit er Balram bei den Herren empfiehlt. Balram bemerkt in dieser Situation merkwürdige Verhaltensänderungen bei Ram Persad, dem anderen Fahrer. Er isst morgens vor Sonnenaufgang Zwiebeln, dann aber tagsüber nichts mehr, obwohl er augenscheinlich Hunger hat. Balram spioniert ihm nach. Er folgt ihm durch die Stadt bis zu einer Hinterhofmoschee. Balram erkennt, dass Ram Persad ein Muslim ist und seine Arbeitgeber angelogen hat. Er stellt Ram Persad zur Rede, der ihn nun als den Überlegenen anerkennen muss. Noch in der Nacht verlässt er daraufhin das Anwesen der Familie, wohl um seiner Kündigung zuvorzukommen. Damit ist die Fahrerfrage geklärt und Ram Bahadur muss Balram die letzten Tage in Dhanbad bedienen, damit Balram, der nun auch ihn in der Hand hat, die Sache nicht bei seinen Arbeitgebern ausplaudert.

Am Schluss des Kapitels fährt Balram Mukesh, den älteren Sohn des *Stork*, Ashok und Pinky nach Delhi. Ashok möchte auch einmal wieder selbst fahren, doch Mukesh führt ihm das Unpassende dieser Idee vor Augen. Ashok fügt sich.

The Fourth Night – Die vierte Nacht (ab S. 97, mp3-Track 6 bzw. CD 3, 13)

Leben in Delhi – Vitiligo-Lips – *das Apartment-Haus, Balrams Einzelunterkunft – Ashok besticht Politiker – Mukesh schikaniert Balram – Balram benutzt Zahnpasta und besucht das Einkaufszentrum – Ehekrise zwischen Pinky und Ashok – Pinky verursacht einen Unfall, bei dem ein Kind umkommt; Fahrerflucht; Balram wird genötigt, die Verantwortung zu übernehmen.*

In der vierten Nacht beschreibt Balram das Leben in Delhi aus der Sicht der Fahrer. Er beschreibt das Stadtbild, die Wohnsiedlungen der Reichen und das Leben der Armen auf den Straßen. Mukesh und Ashok machen sich Gedanken über die notwendigen Bestechungen und über die Frage, wo Pinky wohnen soll. Sie entscheiden sich für Gurgaon, den neuesten und modernsten Stadtteil Delhis.

Typisches Armaturenbrett eines hinduistischen Taxifahrers in Indien
© ullstein bild – imagebroker.net/ Denis Meyer

Balram lernt einen Fahrer mit einer Pigmentstörung im Gesicht kennen, der in der Folge nur *Vitiligo-Lips* genannt wird. Dieser erklärt das Leben in Delhi, klärt ihn über Einkaufszentren und Call-Center auf und führt ihn in die Gruppe der anderen Fahrer ein. *Vitiligo-Lips* nennt Balram hier erstmals *"Country-Mouse"* (S. 102), den Trottel vom Land.

Leben in Delhi

Die Fahrer lesen alle das Magazin *"Murder Weekly"* (S. 104), das Balram eingehend vorstellt. Diese groschenromanartige Reihe enthält jede Woche eine neue, reißerische Geschichte um Mord, Rache und Vergewaltigung. Die Hefte werden von Fahrer zu Fahrer weitergereicht. Am Ende jeder Geschichte wird der Verbrecher gefasst und seiner gerechten Strafe zugeführt. An diesen Geschichten reagieren die Fahrer ihre Aggressionen und Frustrationen ab, sodass sie erst gar nicht auf die Idee kommen, das System zu attackieren. Balram hingegen durchschaut das Muster und beteiligt sich nicht an der Lektüre.

Ashok, seine Frau und Mukesh beziehen ein luxuriöses Apartment in einem Gebäudekomplex für Reiche. Die Diener und Fahrer sind im Keller in einem Gemeinschaftsquartier zusammengepfercht, wo sich alle anderen Fahrer über Balram lustig machen. Er bezieht einen leer stehenden Raum, der voller Kakerlaken ist. Seine Privatsphäre ist ihm jedoch wichtiger.

Wenn Ashok ihn benötigt, wird er mit einer Klingel gerufen. Dann geht er nach oben, um sich nützlich zu machen. Hauptsächlich ist er weiterhin als Fahrer tätig. So chauffiert er seine Herren zum Hauptquartier der Kongress-Partei und dem Präsidentenpalast, wo sie ihre Bestechungsgelder abzuliefern haben. Nach einer Rückfahrt zurück zur Wohnung schikaniert Mukesh Balram wegen einer einzigen Rupie, von der Mukesh behauptet, sie im Wagen verloren zu haben. Balram muss den ganzen Wagen reinigen und auf der Suche nach der Münze unter die Sitze kriechen. Am Ende gibt er Mukesh eine Rupie von seinem eigenen Geld, damit der beruhigt ist. Mukesh verlässt bald darauf Delhi. Balram nutzt die Gelegenheit und kauft erstmals Alkohol für seinen eigenen Gebrauch.

Pinky bringt Balram dazu, sich zu ändern

Pinky Madam weist Balram einige Tage später angewidert darauf hin, dass er übel aus dem Mund riecht und sich ständig in den Schritt fasst. Als sie mit Ashok zusammen ein großes, den Reichen vorbehaltenes Einkaufszentrum besucht und Balram wartend davor herumsitzt, beobachtet er zusammen mit anderen Fahrern einen der Ihren, der in die Mall hineinzukommen versucht. Er wird wegen seines schäbigen Äußeren von einem Wachmann abgewiesen. Die anderen Fahrer bewundern zwar den Mut des Mannes, ziehen aber keine Konsequenzen aus dessen Behandlung.

Balram hingegen verbietet sich fortan den Griff in den Schritt und kauft sich Zahnpasta, um die unausbleiblichen Folgen des unentwegten Betel-Kauens abzumildern; ferner besorgt er sich heimlich ein einfarbig weißes T-Shirt, wie die Reichen es tragen, und geschlossene Schuhe. Er arbeitet damit äußerlich an der Überwindung der Klassenschranken. Als er so gekleidet problemlos in das Einkaufszentrum hineingelangt, kommt er sich vor wie in einer anderen, verbotenen Welt. Ihm wird klar, dass innere Werte und äußerer Schein zweierlei Dinge sind, dass er sein Äußeres verändern und damit seines eigenen Glückes Schmied werden kann.

Balram im Einkaufszentrum

Zur gleichen Zeit gerät die Ehe zwischen Ashok und Pinky Madam immer mehr in die Krise. Sie will wieder zurück in die USA, er nicht. Zuletzt schlägt Ashok Pinky, was ihm sein Bruder schon mehrfach angeraten hatte.

Ashoks Ehe in der Krise

Eines Abends gehen die beiden aus, offensichtlich, um über einen Streit hinwegzukommen. Völlig betrunken kommen sie wieder zum Auto zurück. Pinky kommt auf die Idee, unbedingt selbst fahren zu wollen. Sie zwingt Balram, den Fahrersitz zu räumen, und rast durch die Stadt. Pinky lässt Balram sogar aussteigen und fährt weiter. Kurz darauf kehrt sie zurück, holt ihn ab und rast weiter über die leeren Straßen. Schließlich verursacht sie einen Unfall, bei dem ein Kind getötet wird. Sie lassen den leblosen Körper unbesehen liegen und fahren nach Hause. Beide, Ashok und Pinky, sind von Schuldgefühlen geplagt und überlegen sich, was sie nun tun könnten. Mukesh muss über Nacht aus Dhanbad anreisen, um die Dinge zu regeln: Er zwingt Balram ein Geständnis auf, demzufolge er den Unfall verursacht und Fahrerflucht begangen hat. Großmutter Kusum hat das Geständnis bereits unterzeichnet, sodass Balram weiß, dass er keine Chance hat, sich zu weigern. Alle

Unfall mit Fahrerflucht

halten zusammen und alle halten es für selbstverständlich, dass der Diener ohne zu zögern für seine Herrschaften ins Gefängnis geht.

The Fifth Night – Die fünfte Nacht (ab S. 147, mp3-Track 8 bzw. CD 4, 18)

Der Hahnenkäfig (Rooster Coop) – *Pinky regt sich über die Behandlung des Dieners auf – Pinky flieht mitten in der Nacht: Ende der Ehe – Ashok lässt sich gehen – Mukesh kommt zurück, um die Dinge in die Hand zu nehmen – Kusums Drohbrief – unvermittelter Abbruch der Erzählung aufgrund eines Notfalls in der Erzählgegenwart.*

Der Hahnenkäfig

Am Anfang dieses neuen Abschnitts kommt Balram auf den auf indischen Märkten verbreiteten Anblick des Hahnenkäfigs zu sprechen. Diesen *"Rooster Coop"* hält er für ein Sinnbild der Existenz der unterprivilegierten Schichten in Indien. Was hält beispielsweise Chauffeure davon ab, mit einem Koffer voll Schmiergeld einfach zu verschwinden? Warum lassen sie sich die Behandlung durch ihre Herren gefallen? Weil ihr Leben dem von Käfighühnern gleicht. Hühner auf dem Markt sind in Drahtkäfige gepfercht. Die Nachbarn sind ihnen zu nah, sie kämpfen mit ihnen. Sie scheißen sich voll, von oben nach unten. In vergleichbarer Weise beobachten die indischen Diener sich gegenseitig und schmeicheln sich auf Kosten anderer Untergebener bei ihren Herren ein. Das Fortkommen des Einen ist der Untergang des Anderen. Daneben bestimmt aber auch die permanente Androhung von Gewalt gegen ihre Familien das Verhalten der Diener.

Im Fortgang der Handlung wird Balram aus seiner Kellerbehausung nach oben gerufen, wo der *Stork* sitzt und auf eine Massage wartet. Mukesh und Ashok spielen am Computer und keiner sagt Balram, wie es nun nach dem erpressten Geständnis weitergeht. Erst die übernächtigte Pinky teilt ihm mit, dass der Unfall nicht polizeilich aktenkundig geworden ist, niemand also das getötete Kind vermisst hat: Balrams Geständnis wird nicht benötigt. Pinky erregt sich darüber, dass keiner der anderen es für nötig gehalten hat, Balram davon zu unterrichten, dass ihm das Gefängnis erspart bleiben wird. Stattdessen wird er noch geschlagen, als er etwas zu heißes Wasser für die Fußmassage nimmt. Einige Tage später wird Balram mitten in der Nacht von Pinky geweckt. Er soll sie heimlich zum Flughafen fahren. Mit nur einer Tasche in der Hand reist sie ab und setzt so ihrer Ehe mit Ashok ein Ende. Balram steckt sie zuletzt noch einen Umschlag mit 4700 Rupien zu.

Pinkys Flucht

Ashok reagiert auf die Abreise seiner Frau völlig verstört; er droht Balram, ihn umzubringen. Balram beruft sich darauf, nur gehorcht zu haben. Ashok flüchtet sich nach Pinkys Flucht in den Alkohol. Balram kümmert sich um ihn und versucht ihn aufzuheitern.

Ashoks Flucht in den Alkohol

Mukesh kommt zurück, um die Dinge in die Hand zu nehmen. Er bringt wieder Ordnung in Ashoks Leben. Für Balram hat er einen Brief der Großmutter und liest ihn auch gleich selbst vor, obwohl Balram ja lesen kann. Kusum ermahnt den Enkel dringend, sein Geld nach Hause zu schicken und außerdem bald zu heiraten. Balram will aber nicht heiraten, will sich nicht unterordnen. Er versucht, sich über seine Lage klar zu werden.

Rückkehr Mukeshs

Schließlich unterbricht ein geschäftlicher Notfall (auf der Handlungsebene der Erzählgegenwart) den Erzählfluss Balrams und das Kapitel endet abrupt.

The Sixth Morning – Der sechste Morgen (ab S. 167, mp3-Track 9 bzw. CD 5, 7)

Balrams Wandel vom unschuldigen Dorfjungen zum korrupten Städter – Ashoks Ausschweifungen – Zukunftsaussichten eines Fahrers – Ashok trifft Uma, seine frühere Freundin – Balram verschafft sich kleine Freiheiten – nähere Informationen zur Beziehung zwischen

Uma und Ashok – Ashok überbringt Schmiergeld – Ashok, der Politiker und die ukrainische Prostituierte – Balrams Wut über die Ungerechtigkeit der Welt.

Balram erzählt, wie er von den Verlockungen der Großstadt verändert wird, wie er sich vom unschuldigen Dorfjungen zum korrupten Städter wandelt. Diese Wandlung vollzieht sich parallel mit der Identitätskrise, die sein Herr Ashok durchläuft. Clubs, Diskos und Prostituierte rücken ins Zentrum ihres Alltags und ihrer Aufmerksamkeit.

An einem dieser Abende wird Balram von *Vitiligo-Lips* über die Zukunft eines Fahrers aufgeklärt: Ein Haus in den Slums und ein Sohn auf dem College sei das Äußerste, was er erreichen könne. Dies schockiert Balram.

Ashok und Uma

Ashok ist immer öfter mit Uma zusammen, seiner früheren Freundin, die Balram anfangs für eine Prostituierte hält. Er ist innerlich empört, da Ashok ja noch verheiratet ist. Abends, wenn er die beiden zu Hause abgesetzt hat, fährt er nun öfters noch einmal durch die Stadt und dreht dabei das Radio und die Klimaanlage voll auf – was Mukesh ihm ausdrücklich verboten hatte.

Ashok und die blonde Prostituierte

An einem Abend besucht Ashok mit einem Politiker eine Prostituierte. Die blonde Frau, die wie Kim Basinger aussieht, kostet 30.000 Rupien, das sind zehn Monatslöhne für Balram. Wütend fragt er sich, wieso eigentlich die Reichen die blonden Prostituierten bekommen und die Armen nicht.

The Sixth Night – Die sechste Nacht (ab S. 191, mp3-Track 10 bzw. CD 5, 20)

Balrams Verlangen nach einer blonden Prostituierten; er betrügt Ashok – die herbeigesehnte Begegnung endet mit einem Fehlschlag – Mukesh und Ashok haben Probleme mit Politikern – Ashoks Geldta-

sche weckt die Gier in Balram – Balram sinniert über Lebensperspektiven – die Ankunft von Balrams Neffe Dharam verzögert den Mord an Ashok – Wahlsieg des Great Socialist, *Vijay taucht wieder auf – Balrams Nachfolger wird eingestellt – kurz darauf ermordet Balram Ashok auf einer Fahrt in die Stadt – er lässt Dharam nicht im Stich.*

Die Träume der Reichen bestehen daraus, so dünn wie die Armen auszusehen: Darum treiben sie Sport, um anschließend wieder Alkohol trinken und ungesund viel essen zu können, wie es ihrer Lebensweise entspricht. Am Abend praktizieren sie ihr "*walking*" (S. 191) rund um die Gebäudekomplexe ihrer Luxusapartments, während die Diener herumstehen und ihnen Wasser reichen; so auch *Vitiligo-Lips*, den Balram bei einer solchen Gelegenheit in ein Gespräch verwickelt. Dieser kann eine blonde Prostituierte besorgen. Balram erkundigt sich nach den Preisen.

Balrams Verlangen nach einer blonden Prostituierten

Die über 10.000 Rupien, die *Vitiligo-Lips* zuerst nennt, sind ihm zu hoch, sie einigen sich auf 6500. Zum Abschied will Balram noch wissen, wie er als Fahrer seinen Arbeitgeber hintergehen kann. *Vitiligo-Lips* weiß auch hier Rat. In den nächsten zwei Wochen betrügt Balram Ashok und schafft Geld auf die Seite, um schließlich über zwei Monatslöhne in eine blonde Prostituierte investieren zu können.

Vitiligo-Lips reagiert fassungslos, als er erfährt, dass die Prostituierte für Balram selbst und nicht für Ashok ist. Er fährt Balram zu einem Hotel, wo der Manager noch eine „Unterschicht-Gebühr" ("*Working-class surcharge*", S. 198) auf den Preis aufschlägt. Balram wird zu einem Zimmer geleitet, wo die junge Frau, die sich Anastasia nennt, auf ihn wartet. Schon bald bemerkt Balram aber, dass sie nur gefärbte Haare hat. Er fühlt sich hintergangen und schlägt sie. Der Manager stürmt herein und wirft Balram rüde hinaus. Verletzt, verärgert und von Schuldgefühlen geplagt kehrt Balram zurück nach Hause, wo er Ashok in seinem Zimmer antrifft. Auch der ist von Schuldgefühlen geplagt, verspricht Balram eine bessere Wohnung und beklagt, dass er nicht den Mut hat, seinen Lebensstil zu ändern. Er geht mit Balram essen und bezahlt viel Geld für etwas, was er für Arme-Leute-Essen hält. Balram erkennt die Ironie des Moments.

Ein demütigendes Erlebnis

Mukesh und Ashok haben wieder Probleme mit Politikern, die immer mehr Geld fordern. Ashok widern diese Bestechungen an, für Mukesh sind sie nur ein Teil der indischen Realität.

Für einen Besuch bei einem Politiker vertraut Ashok Balram die volle Geldtasche an. Dieser Gang, allein mit dem Geld, weckt die Gier in Balram. An jenem Tag schaut er sich auf dem Bahnhof um, um die Ziele der Züge zu betrachten. Er überlegt, wie es wäre, mit dem Geld zu fliehen. Eine altmodische Horoskopmaschine auf dem Bahnhof (*"your-fortune-and-weight-for-one-rupee machines [at] any train station in India"*, S. 211) mahnt ihn jedoch, er solle das Gesetz achten.

Balrams Wut wächst

Am folgenden Sonntag besucht er das Rotlichtviertel, aber die Mädchen erscheinen ihm als Gefangene in ihren Käfigen. Von dort wandert er weiter zu einem Straßenhändler, der gebrauchte Bücher verkauft: Dieser liest ihm eine Zeile eines unbekannten Dichters vor: *"You were looking for the key for years / But the door was always open!"* (S. 216) Balram denkt weiter über seine Lebensmöglichkeiten nach.

Dharam wird von Kusum zu Balram geschickt

Ashok glaubt unterdessen, Balram wolle heiraten, und steckt ihm in einer entwürdigenden Szene statt eines Tausend-Rupien-Scheins einen Hunderter zu. Balram macht einen Spaziergang in den Slum hinter den Baustellen; die Leute dort gefallen ihm besser als die, mit denen er täglich Umgang hat. Als er nach Hause kommt, trifft er auf seinen Neffen Dharam. Großmutter Kusum hat ihn geschickt. Sie hat ihm einen Brief mitgegeben, in dem sie Balram schwere

Vorwürfe macht. Die Ankunft des Jungen verzögert den geplanten Mord an Ashok.

Der Wahlsieg des *Great Socialist* bedeutet für Ashoks Familie eine Katastrophe, denn sie hat auf die Seite der Wahlverlierer gesetzt und vor allem deren Politiker bestochen. So muss Ashoks Familie nun noch einmal viel Geld ausgeben, um den Schaden zu begrenzen. Während dieser Zeit findet Balram heraus, dass Ashok ihn (auf das Drängen Umas hin) loswerden und einen neuen Fahrer beschäftigen will. Er geht mit Dharam in den Zoo, wo sie einen weißen Tiger sehen, der Balram an seinen Spitznamen erinnert.

Balram und Dharam im Zoo

Auf dem Weg nach Hause reift sein Plan. Er lässt Dharam einen Abschiedsbrief an Kusum schreiben, den dieser erst einwerfen soll, wenn Balram am nächsten Tag weggefahren ist.

Ashok muss ins Regierungsviertel fahren, um weitere Bestechungsgelder an die Wahlsieger zu verteilen. Auf der Fahrt in die Stadt ermordet Balram Ashok mit einer zerbrochenen *Johnnie Walker*-Flasche: Er bittet Ashok, kurz auszusteigen, um einen angeblichen Schaden am Wagen zu besehen, und zertrümmert dem Wehrlosen dann den Schädel. Er lässt die blutende Leiche am Straßenrand liegen und fährt zum Bahnhof, um zu fliehen. Der Gedanke an das Schicksal, das Dharam blüht, hält ihn aber vorerst noch zurück. Als er eine obdachlose Familie mit einem kleinen Jungen erblickt, kehrt er fluchend um. Er holt Dharam ab und nimmt ihn mit auf die Flucht.

Der kaltblütige Mord an Ashok

The Seventh Night – Die siebte Nacht (ab S. 249, mp3-Track 12 bzw. CD 7, 6)

Flucht mit dem Zug in den Süden – Jobsuche in Bangalore – erfolgreicher Aufbau eines Taxi-Unternehmens, mithilfe von Schmiergeldzahlungen an die Polizei – Balrams Verhalten als Unternehmer: skrupellos und menschlich zugleich – Ausblick in die Zukunft.

Nachdem er sich, wie am Anfang der meisten Kapitel, zunächst in der Erzählgegenwart mit ein paar launigen Bemerkungen an den Adressaten seines Lebensberichts, den chinesischen Regierungschef, gewandt hat – hier macht er sich über die amtliche indische Propaganda lustig –, berichtet Balram über seine Flucht mit dem Zug in den Süden. Eine Episode am Bahnhof, in der ein Analphabet mit ihm zusammen vor seinem Fahndungsplakat steht, ohne ihn zu erkennen, erinnert Balram an seinen Vater: Auch der konnte nicht lesen; und so wie Balram den Analphabeten über den Inhalt des Plakats belügt, müssen viele andere Menschen immer wieder seinen Vater hereingelegt haben. Balram flieht mit Dharam auf verschlungenen Wegen, um mögliche Verfolger zu narren, bis nach Bangalore. Zunächst quartieren sie sich in einem Hotel ein; aber nach vier Wochen beginnt Balram, einen Job zu suchen. Eine zufällige Begegnung auf der Straße bringt ihn auf die Idee, sein Geld als Fahrer für die Mitarbeiter der allgegenwärtigen Call-Center zu machen. Diese arbeiten angesichts der Zeitverschiebung nachts, da sie für amerikanische Kunden erreichbar sein sollen, und sind so auf Fahrdienste angewiesen. Jedoch muss er feststellen, dass andere bereits die gleiche Geschäftsidee gehabt haben. Seine verräterische Frage an sich selbst lautet: "*What would Mr. Ashok do?*" (S. 256) Der würde natürlich irgendjemanden bestechen. Balram geht also zur Polizei, deren Chef einen Sohn zum Studium in die USA geschickt hat und hohe Studiengebühren zahlen muss. In einem Raum mit seinem Fahndungsplakat erreicht er mit viel Geld, dass die Polizei die anderen Taxiunternehmen wegen angeblich fehlender Lizenzen schließt. Seine Chance ist da: Er ergreift sie und zieht ein florierendes Taxi-Unternehmen auf. Für das neue Leben legt er sich sogar einen neuen Namen zu: Er nennt sich Ashok Sharma, er übernimmt also den Vornamen seines Opfers. Dharam lebt

Flucht nach Bangalore

Balram gründet sein Taxiunternehmen

still an seiner Seite und hütet sich, dem Onkel Unannehmlichkeiten zu bereiten, solange dieser sich um ihn kümmert.

Balram denkt viel über das Los des weißen Mannes nach: Für ihn liegt die Zukunft klar in den Händen der gelben (chinesischen) und braunen (indischen) Menschen.

Wieder ein Unfall: Balram ergänzt Korruption durch Verantwortungsbewusstsein

Abschließend berichtet Balram, warum die „fünfte Nacht" so abrupt beendet werden musste. Ein Unfall eines seiner Fahrer machte sein sofortiges persönliches Eingreifen nötig. Der hatte mit überhöhter Geschwindigkeit einen Radfahrer überfahren und dabei getötet. Der Bruder des Opfers ist vor Ort und verlangt, die Polizei einzuschalten, während im Taxi noch die Call-Center-Mitarbeiterinnen auf ihre Heimfahrt warten. Balram nimmt alle mit auf die Polizeiwache, wo die von ihm bestochenen Polizisten es ablehnen, sich um den Fall zu kümmern, und gar dem Bruder des Opfers noch vorhalten, das Rad hätte kein Licht gehabt. Balram windet sich aus der Affäre augenscheinlich ähnlich heraus wie seinerzeit Ashok und Pinky. Im Unterschied zu diesen macht er aber seinen Fahrer nicht dafür verantwortlich; und er kümmert sich um die Familie des Unfallopfers. Er findet heraus, wo sie wohnt, fährt hin, zahlt eine Entschädigung und bietet dem Bruder des Opfers an, ihm eine Stelle zu verschaffen.

Ausblick auf die Zukunft

Das Buch endet mit einem längeren Ausblick auf die Zukunft. Dharam scheint langsam zu begreifen, was um ihn herum passiert ist. Das Taxigeschäft läuft. Alpträume und Schuldgefühle plagen Balram nicht. Er bereut lediglich, den seiner Meinung nach Falschen umgebracht zu haben: Er hätte besser Mukesh töten sollen, findet er. In den letzten Zeilen wird nochmals auf den Hühnerkäfig Bezug genommen: Balram hat ihn endgültig verlassen, er ist auf der richtigen Seite des Lebens angekommen. Er fühlt sich bereit, Kinder zu haben.

3.3 Aufbau

ZUSAMMENFASSUNG

→ Die Geschichte wird in acht Kapiteln im Rückblick erzählt.
→ In chronologischer Ordnung berichtet der Ich-Erzähler von seinen Erlebnissen.
→ Die Kapitel sind in Form eines Briefromans gehalten.

Erzählhaltung und Grundstruktur der Handlung

Die Überschriften der Kapitel deuten bereits den ungewöhnlichen Aufbau des Romans an. Balram Halwai sitzt in sieben Nächten und an einigen Morgen in seinem Büro und hat Zeit, seine Lebensgeschichte in acht Kapiteln unterschiedlicher Länge (zwischen 20 und 50 Seiten) zu erzählen. Der Autor Adiga spielt mit den Konventionen des Briefromans. Er lässt den Erzähler Balram zwar Briefe diktieren (vgl. S. 3), unklar aber bleibt, was Balram mit den Aufnahmen macht: Die Briefe, die vorliegen, sind also keine echten Briefe, sie haben ihren Adressaten nie erreicht. Somit taucht auch nie die Frage auf, wie der chinesische Ministerpräsident Wen Jiabao auf diese Briefe reagieren würde.

Ungewöhnliche Spielart eines Briefromans

Konsequent durchgehalten wird die Position des Ich-Erzählers, der über sein Leben reflektiert. Er erzählt mehr und detaillierter, als er es wohl in echten Briefen oder echten Gesprächen getan hätte. Aber da er allein ist, kann er sich den Frust von der Seele reden.

Mit dieser Erzählkonstruktion ähnelt *The White Tiger* dem Roman *Q & A* von Vikas Swarup, der die Vorlage für den Film *Slumdog Millionaire* lieferte. Auch hier sinniert der Ich-Erzähler, der am Ende im Gefängnis sitzt, in 13 Kapiteln über seinen Weg vom Waisenjungen bis zum Gewinner der indischen Version von „Wer wird Millionär?“

Übersicht über die Handlung

Die erste Nacht	Einleitung – Erwähnung von Pinky und Ashok – das Fahndungs-Poster – der Tod der Mutter – das Dorf Laxmangarh – der Vater und die Familie – die Schule – die Grundherren.
Die zweite Nacht	Vorabinformationen zu Ashok und Pinky – der Tod des Vaters im Krankenhaus – Balram geht nach Dhanbad, arbeitet im *tea shop* und lernt Auto fahren – Balram besucht das Bordell – Balram bekommt eine Stelle – Leben im Haushalt des *Stork* – Besuch in Laxmangarh.
Der vierte Morgen	Details zu Demokratie in Indien und den Wahlen mit Rückblende nach Laxmangarh – Leben im Haushalt des *Stork* – der *Great Socialist* und Vijay zu Besuch – Ram Persad fliegt auf – Fahrt nach Delhi.
Die vierte Nacht	Leben in Delhi aus der Sicht der Fahrer – *Vitiligo-Lips* – das Apartment-Haus, Balrams Einzelunterkunft – Ashok besticht Politiker – Balram benutzt Zahnpasta und besucht das Einkaufszentrum – Ehekrise zwischen Pinky und Ashok – Pinky verursacht einen Unfall, bei dem ein Kind umkommt; Fahrerflucht; Balram wird genötigt, die Verantwortung zu übernehmen.
Die fünfte Nacht	Der Hahnenkäfig *(rooster coop)* – Balrams falsches Schuldgeständnis wird nicht benötigt, Pinky regt sich über die Behandlung des Dieners auf – Pinky flieht mitten in der Nacht: Ende der Ehe – Ashok lässt sich gehen – Mukesh kommt zurück, um die Dinge in die Hand zu nehmen – Kusums Drohbrief – unvermittelter Abbruch der Erzählung aufgrund eines Notfalls in der Erzählgegenwart.
Der sechste Morgen	Wandel vom unschuldigen Dorfjungen zum korrupten Städter – Ashoks Ausschweifungen – *Vitiligo-Lips* klärt Balram über die Zukunft eines Fahrers auf – Ashok trifft Uma, seine frühere Freundin – Balram verschafft sich kleine Freiheiten – nähere Informationen zur Beziehung zwischen Uma und Ashok – Ashok überbringt Schmiergeld – Ashok, der Politiker und die teure Prostituierte – Balrams Wut über die Ungerechtigkeit der Welt.

Die sechste Nacht	Balrams Verlangen nach einer blonden Prostituierten; er beginnt, Ashok zu hintergehen, um sich die Prostituierte leisten zu können – die herbeigesehnte Begegnung endet mit einem Fehlschlag – Ashok ist deprimiert, geht mit Balram essen – Mukesh und Ashok haben wieder Probleme mit Politikern – Ashoks Geldtasche weckt die Gier in Balram – Balram sinniert über seine Lebensperspektiven – durch die Ankunft des Neffen Dharam verzögert sich der geplante Mord an Ashok – Wahlsieg des *Great Socialist*, Vijay taucht wieder auf – Balrams Nachfolger wird eingestellt, Balram und Dharam gehen in den Zoo und sehen einen weißen Tiger; Balram schreibt einen Abschiedsbrief – auf einer Fahrt in die Stadt ermordet Balram Ashok – er lässt Dharam nicht im Stich.
Die siebte Nacht	Flucht mit dem Zug in den Süden – Jobsuche in Bangalore – erfolgreicher Aufbau eines Taxi-Unternehmens, mithilfe von Schmiergeldzahlungen an die Polizei – Balrams Verhalten als Unternehmer: skrupellos und menschlich zugleich – Ausblick auf die Zukunft.

Jedes der acht Kapitel enthält zudem vielfältige Hinweise auf die Erzählgegenwart, in der Balram nachts in Bangalore in seinem Büro sitzt.

Chronologie

Die Übersicht über die Handlung – in Form einer kurzen Inhaltsangabe im Telegrammstil – macht deutlich, dass Balram seine Lebensgeschichte **weitgehend chronologisch erzählt**: Die Hauptstationen seines bisherigen Lebenswegs – Laxmangarh, Dhanbad, Neu Delhi und Bangalore – erscheinen in der ‚korrekten' Reihenfolge. Auch die wesentlichen berichteten Episoden fügen sich in das chronologische Gerüst von Balrams Lebensgang. Das erleichtert es dem Leser, Balrams Entwicklung nachzuvollziehen, zu verstehen, wie seine prägenden Erfahrungen aufeinander aufbauen und wie sie in der Summe zu einem Bewusstseinswandel führen, der Balrams –

Elemente des Schelmenromans aufgreifenden – Lebensbericht zur Geschichte einer erfolgreichen Emanzipation aus einer vermeintlich ausweglosen Situation der Abhängigkeit macht.

Diese im Grunde stringente, als Beweisführung angelegte und somit unbeirrt auf ein Ziel zusteuernde Erzählweise ergibt sich bereits aus dem Vorsatz, der Balrams Erzählvorhaben erst auslöst: den chinesischen Ministerpräsidenten mit der **Erfolgsgeschichte eines indischen Unternehmers** bekannt zu machen, mit seiner eigenen Erfolgsgeschichte; der Geschichte eines Mannes, der sich auch **unter widrigen Umständen** zu helfen weiß. Zu zeigen, wie widrig diese Umstände sind – wie sehr sich das wirkliche Indien von dem der offiziellen Regierungspropaganda unterscheidet –, ist die zweite vordergründige Motivation für Balrams Erzählen. Dieser zweite Erzählzweck sorgt für **manche Auflockerung in der Erzählchronologie**: beispielsweise, wenn Balram im zweiten Kapitel im Zusammenhang mit dem Bericht vom Sterben des Vaters die Korruption im Gesundheitswesen beschreibt (auch wenn dieser Exkurs in der Form aufklärender Erläuterungen der anderen Patienten dargeboten wird und so in den Erzählzusammenhang integriert ist) oder wenn er im dritten Kapitel in einer Rückblende deutlich macht, dass die indische Demokratie zumindest auf dem Lande keineswegs freie Wahlen garantiert.

Aufbau der Erzählung als Beweisführung

Weitere Abweichungen von der Erzählchronologie sind hauptsächlich auf das **Zentralereignis der Handlung** zurückzuführen, auf **Balrams Mord** an seinem Arbeitgeber und an Herrn Ashok. Über diese Tat zu berichten und sie vor sich (und dem fiktiven Leser) zu rechtfertigen, erscheint als der eigentliche, uneingestandene Erzählanlass. Immer wieder drängt sich die Erinnerung an die Tat in den Vordergrund. So ist schon auf den ersten Seiten von Balrams "*ex-employers Mr. Ashok and Pinky Madam in their Honda City car*" (S. 7) die Rede sowie von dem Fahndungsplakat, das gleichsam

Rechtfertigung als uneingestandener Erzählanlass

den Ausgangspunkt der ‚Lebensbeichte' bildet. Zwar macht sich Balram über die Einzelheiten des Plakats lustig, aber diese spöttische Haltung wirkt angesichts der Beharrlichkeit, mit der Balrams Gedanken um den Mord an seinem Arbeitgeber kreisen, eher wie ein Versuch der Abwehr: Balram versucht durch Spott Distanz zu dem zu gewinnen, was in Wahrheit nicht in ihm zur Ruhe kommt.

Lebensgeschichte als Lebensbeichte

Aufgelockert wird dieser tödlich-ernste und zumindest halb verleugnete Urgrund von Balrams Erzählen, der seiner Lebensgeschichte erst Tiefe und Tragik verleiht, durch die selbstbewussten, durchaus auch ein wenig selbstgefällig **prahlerischen und immer komischen Lebenseinsichten**, mit denen er sich vor allem zu Beginn der einzelnen Kapitel direkt an den offiziellen Adressaten seines Berichts, den chinesischen Ministerpräsidenten, wendet. Auch diese Belehrungen durchbrechen immer wieder die Chronologie der Handlung und halten die Situation der Erzählgegenwart, die den erzählerischen Rahmen für Balrams Lebensbericht bildet, im Bewusstsein des Lesers präsent.

Zeitlicher Zusammenhang der einzelnen Episoden

Balram erlebt Kindheit und Jugend in Laxmangarh. Diese Zeit endet mit dem Tod des Vaters. Balram wird durch die Wahlfälschung vorzeitig für achtzehn, also für wahlberechtigt, erklärt (vgl. S. 80), während er noch im *tea shop* arbeitet. Nach Dhanbad kommt er zusammen mit Kishan. Dieser heiratet einen Monat nach der Verbrennung des Vaters; zwei Wochen später wird er von Kusum nach Dhanbad zum Arbeiten geschickt (vgl. S. 42). Balram und Kishan verbringen eine nicht näher bezeichnete Zeitspanne in Dhanbad; zwei Wochen nach dem Führerscheinerwerb erhält Balram die Stelle als Fahrer (vgl. S. 50–52).

Als sich Mukesh bei der Einstellung in Dhanbad nach Balrams Familie erkundigt, wird deutlich, dass der Vater bereits einige Jahre tot ist: *"Father died some years ago of TB."* (S. 56) Mehrere Monate bleibt Balram im Haushalt des *Stork*. Einmal erklärt er, in jener Zeit sei er 24 Jahre alt gewesen (vgl. S. 35). In dieser Zeit besuchen Ashok und Pinky Laxmangarh. Für Balram ist es der erste Besuch seit Jahren. Acht Monate später ermordet er seinen Herrn Ashok (vgl. S. 36 und 221). Diese acht Monate nehmen innerhalb der Romanhandlung den weitaus breitesten Raum ein (S. 79 bis S. 247, also knapp zwei Drittel des Gesamtumfangs).

Innerhalb dieser Zeit sagt Ashok einmal zu seinem Bruder Mukesh, Pinky sei schon drei Monate fort (vgl. S. 203). Von Pinky Madams nächtlicher Flucht zurück nach New York wird auf Seite 154 berichtet. Solche Hinweise deuten an, wie schnell die Erzählzeit in welchen Phasen der Handlung voranschreitet. Sie bleiben aber vereinzelt.

Spärliche Hinweise zur genauen zeitlichen Einordnung der Handlungssequenzen

Am Tag des Besuchs in Laxmangarh beginnt der Wahlkampf (vgl. S. 78), der acht lange Monate anzudauern scheint. Dann wird der Sieg des *Great Socialist* verkündet (vgl. S. 230). In der Nacht fährt Balram die Wahlsieger (vgl. S. 233). Am nächsten Tag, einem Sonntag (vgl. S. 235), besucht Balram mit Dharam den Zoo. Wiederum einen Tag später ermordet er Ashok. (Im Fahndungsplakat wird erwähnt, dass der mutmaßliche Mörder zuletzt in der Nacht des 2. September in der Nähe eines Hotels gesehen wurde; vgl. S. 27).

Nach mehreren Tagen der Flucht kommt Balram nach Bangalore und wird dort ein erfolgreicher Geschäftsmann. Diese Phase liegt zum Zeitpunkt der Erzählung drei Jahre zurück (vgl. S. 9).

Balram verlässt also jung die Schule, arbeitet dann im *tea shop* im Dorf, geht anschließend mehrere Jahre nach Dhanbad, macht seinen Führerschein, wird als Chauffeur eingestellt und bleibt zunächst wenige Monate im Haus des *Stork*. Danach zieht er mit Ashok nach Delhi. Wieder wenige Monate später ermordet er ihn.

Anschließend flieht er nach Bangalore. Dort wird er in recht kurzer Zeit ein erfolgreicher Geschäftsmann. Drei Jahre nach dem Mord erzählt er seine Geschichte.

Örtlichkeiten

Der Erzähler blickt auf seine Kindheit und Jugend auf dem Land zurück, im fiktiven Dorf **Laxmangarh** im Nordosten Indiens. Es ist im Distrikt Gaya (S. 15) im Bundesstaat Bihar zu denken, nur einige Kilometer von Bodh Gaya entfernt, dem Ort, an dem der Buddha seine Erleuchtung erfahren haben soll.

Balrams Heimatdorf

Das Dorf liegt an einem Fluss, hat eine staubige Straße und drei kleine Geschäfte, die kümmerliche Waren anbieten. Wasserversorgung und -entsorgung funktionieren nicht, Elektrizität scheint nicht vorhanden zu sein. Die meisten Dorfbewohner leben vom kärglichen Ertrag landwirtschaftlicher Arbeit. Das Dorf wird von vier Grundherren kontrolliert, die die wichtigsten Einnahmequellen untereinander aufgeteilt haben: den Ackerbau, den Verkehr, den Fluss und die Viehzucht. Die Grundherren leben in stattlichen Anwesen abseits des Dorfes. Arbeitsplätze sind rar und die meisten Männer des Dorfes müssen nach Dhanbad und Kalkutta zum Arbeiten reisen. Die einzige Sehenswürdigkeit ist ein altes Fort, das auf einem Hügel über der Stadt thront.

Industriestadt

Dhanbad ist eine real existierende Industriestadt mit über 200.000 Einwohnern. Sie liegt im Nordosten des Landes im Bundesstaat Jharkhand. Die Region um Dhanbad ist Indiens wichtigstes Kohlerevier, sowohl unter wie über Tage. Die Kohle- und die Koksproduktion verursachen eine hohe Luftverschmutzung. Aus dem Kohlegeschäft stammt das Geld von Ashoks Familie. Dhanbad ist eine der am schnellsten wachsenden Städte Indiens. Lebten 1981 dort rund 120.000 Menschen, so waren es 1991 bereits etwa 150.000

und 2001 über 200.000 Menschen. Auch Balram zieht vom Land zu.

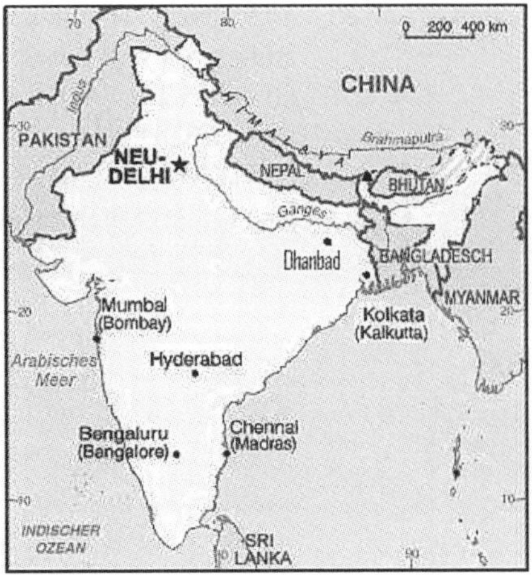

Delhi ist die Hauptstadt Indiens. Die Stadtregion Delhi bildet ein Bundesterritorium Indiens. Die Altstadt *Old City* liegt im Herzen dieses Gebietes, Neu Delhi wurde von der britischen Kolonialregierung ab 1911 südlich an diese Stadt als neue Hauptstadt angeschlossen. Die Altstadt ist dicht besiedelt, während die Neustadt durch jene großen Boulevards geprägt ist, über die auch Balram immer fahren muss, um zu den Regierungsgebäuden in Neu Delhi zu gelangen. Um diese Doppelstadt herum gruppieren sich Vororte. Hinzu kommen große Städte wie etwa die moderne **Hochhausstadt Gurgaon**, wo Ashok, Pinky und Balram wohnen. Sie ist zwar Teil des Ballungsraums, liegt aber außerhalb des Bundesterritoriums. Gurgaon ist mit Delhi über breite Autobahnen verbunden und scheint die einzige Stadt Indiens zu sein, in der alle Haushalte elektrischen Strom haben. Das Jahresdurchschnittseinkommen in Gurgaon liegt bei über 122.000 Rupien; das ist das Dreifache des Landesdurchschnitts. Im Großraum Delhi leben inzwischen mehr als 22 Millionen Menschen.

Symbol für den technologischen Aufschwung Indiens

Bangalore ist eine Stadt im Südwesten Indiens im Bundesstaat Karnataka mit mehr als fünf Millionen Einwohnern. Ausführlich wird von der Stadt im letzten Kapitel erzählt. Bangalore ist ein Symbol für den technologischen Aufschwung Indiens: So ist zum Beispiel neben der bedeutenden IT-Firma Infosys auch die indische Weltraumbehörde in Bangalore angesiedelt. Ein Drittel der indischen IT-

Experten arbeitet in Bangalore, von wo sie für den Weltmarkt unter anderem in den Bereichen Software-Entwicklung und Chip-Design tätig sind. Die Effekte der Globalisierung der Wirtschaft zeigen sich auch in den Call-Centern, deren Angestellte nachts arbeiten, um für ihre amerikanischen Kunden auf der anderen Seite des Globus zur Verfügung stehen zu können, wenn in den USA Tag ist (vgl. S. 33).

3.4 Personenkonstellation und Charakteristiken

ZUSAMMEN-FASSUNG

In *The White Tiger* treten sehr viele Personen auf. Alle stehen in Beziehung zu Balram, der Erzähler und Hauptfigur des Romans zugleich ist. Sie lassen sich in drei Gruppen einteilen: zum einen die Mitglieder von Balrams eigener Familie; zum anderen Ashok und die Seinen, bei denen Balram angestellt ist; und schließlich Menschen, die vorübergehend zu Balrams Weggefährten werden.

Balram

→ der Erzähler; jung, aber bereits mit allen Wassern gewaschen;
→ verliert bereits als junger Mann seine Eltern;
→ aufmerksam, clever, freundlich;
→ ein guter, arbeitswilliger Diener;
→ Mr. Ashoks Chauffeur, Aufsteiger, Unternehmer;
→ Mörder an seinem Herrn und Arbeitgeber, jedoch nicht gewissenlos;
→ sich seiner Herkunft bewusst, jedoch energisch und erfolgreich bestrebt, sie hinter sich zu lassen.

Großmutter Kusum

→ Familienoberhaupt;
→ an den alten Familienstrukturen festhaltend;
→ beansprucht, auch bei Heiraten das letzte Wort zu haben;
→ besteht darauf, dass Balram seinen Lohn abliefert.

The Stork

→ ein konservativer alter Mann;
→ pflegt seine Vorurteile;
→ geht mit Dienern anständig um.

Ashok und Pinky

→ kommen mit westlichen Ideen aus den USA zurück;
→ sind angewidert vom Leben in Indien;
→ Ashok erscheint als zu weich für die ihm von der Familie zugedachte Rolle;
→ Pinky kann sich nicht damit abfinden, dass die Rückkehr nach Indien eine Rückkehr für immer ist; sie flieht am Ende zurück in die USA.

Die anderen Charaktere umgeben diese Kerngruppe und sind nur zum Teil ausgeformt.

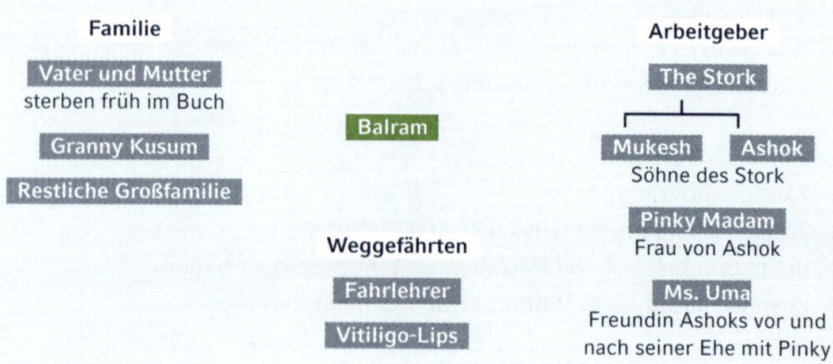

Balram Halwai

Der Ich-Erzähler Balram wächst in einem fiktiven Dorf im ländlichen Indien auf, das von den Grundbesitzern kontrolliert wird, die die Armen, die Bauern und Tagelöhner, ausbeuten. **Seine Familie ist arm**, wie fast alle Familien des Dorfes. Bezeichnend für den allgemeinen Mangel erscheint, dass der Erzähler nicht einmal einen eigenen Namen erhalten hat. Er wird in der Familie bloß *"Munna"* genannt, was einfach ‚Junge' bedeutet (S. 10). Trotz dieser scheinbaren Vernachlässigung setzt sein Vater all seine Hoffnungen für eine bessere Zukunft in ihn: *"my father was a man with a plan. / I was his plan."* (S. 23) Er besteht darauf, dass sein Sohn lesen und schreiben lernt. Vom Lehrer der Dorfschule erhält der Junge dann auch seinen Namen „Balram".

Namenlos

Balram ist das klügste Kind des Dorfes: Der Schulinspektor vergleicht ihn deswegen mit einem **weißen Tiger**, dem seltensten Tier im Dschungel (vgl. S. 30), und möchte ihm zu einer guten schulischen Ausbildung verhelfen.

Um jedoch Schulden beim örtlichen Grundbesitzer, dem *Stork*, bezahlen zu können, wird Balram von der Familie aus der Schule genommen, um wie die anderen Mitglieder der Familie für diesen zu arbeiten. Zum Spott seiner unbegabten ehemaligen Mitschüler ist er nun plötzlich nicht mehr *"the White Tiger"* (S. 30), *"the creature that comes along only once in a generation"* (S. 32), sondern ein Hilfsarbeiter in einem *tea shop* (S. 31). Seine weitere Bildung besteht darin, dass er in den Teestuben Gespräche aufschnappt und sich darüber Gedanken macht. Mehr zu lernen bleibt ihm verwehrt; und so ist er später sehr beeindruckt von den Rechenkünsten seines Neffen Dharam (vgl. S. 272).

Kindheit und Jugend

Nach dem Tod seiner beiden Eltern ist es Balrams Großmutter Kusum, die über seinen Lebensweg entscheidet. Von Schulbildung hält sie wenig. Aber sie hält es für eine sinnvolle Investition, dem

Einfluss der Großmutter

Enkel zu erlauben, Fahrunterricht zu nehmen. Als Chauffeur wird er seine Familie besser unterstützen können als als Hilfsarbeiter in einer Teestube. Tatsächlich gelingt es Balram, gegen alle Wahrscheinlichkeit, eine Stelle als Chauffeur zu erhalten. Einer der reichen Grundbesitzer seines Heimatdorfs stellt ihn, im Vertrauen auf seine besondere Loyalität, ein, als er zufällig am Tor seines Stadthauses auftaucht.

Der willige Diener

Balram muss der reichen Familie Tag und Nacht zur Verfügung stehen – er putzt, kocht, erledigt Einkäufe, spielt mit den Kindern, lehrt die Spucknäpfe aus und massiert dem alten Vater die Beine. Er ist über weite Strecken der **perfekte Diener**. Allerdings verdrängt er ohne Skrupel den ersten Fahrer, als sich die Chance dazu ergibt. Auf dem Weg nach oben kann er sich **keine Rücksichten** leisten.

In Delhi erlebt Balram das Leben der Großstadt. Auch hier meidet er die Gemeinschaft mit den Dienern anderer Herren und sondert sich ab. Er kann die anderen Fahrer, die sich über ihn amüsieren, kaum ertragen und besteht auf seiner **Privatsphäre**. Im Alltag füllt er noch seine Rolle aus. Er **identifiziert sich mit seinem Herrn**, mit dem er es so gut wie möglich getroffen hat, kümmert sich um ihn und macht sich Sorgen um sein Leben und seinen Ruf: *"On Mr. Ashok's privacy I allowed no one to infringe."* (S. 192)

Jedoch wächst in ihm im Laufe der Zeit ein **Grundgefühl der Unzufriedenheit**. Dieses Gefühl wird verschärft, als er es wagt, sich – versuchsweise und heimlich – wie sein Herr zu kleiden, und die Erfahrung macht, dass er daraufhin **wie ein Herr behandelt** wird. Nachdem Pinky Madam ihn darauf hingewiesen hat, wie hässlich verfärbt sein Gebiss ist, hört er auf, *paan* zu kauen, und beginnt, sich die Zähne zu putzen: Er lässt seine Rolle als Trottel vom Land immer mehr hinter sich.

Es sind aber erst die **Begegnungen mit den Prostituierten**, die ihn dazu bringen, sich aktiv gegen die ihm zugedachte Dienerexistenz aufzulehnen. Nachdem er für den von Pinky Madam verursachten Unfall gezwungenermaßen die Verantwortung übernommen hat, **beginnt er die Dinge zu hinterfragen**. Er fühlt sich nun moralisch berechtigt, seinen Arbeitgebern, denen er immerhin einiges zu verdanken hat, die **Loyalität aufzukündigen**.

Auflehnung

Der Mord an Ashok deutet sich über lange Zeit an. Lange schwelt der Gedanke in Balram, lange kann er sich nicht überwinden, seinen charakterlich schwachen, aber im Grunde gutartigen Herrn zu töten. Am Ende ist es eine **kaltblütig geplante Tat**, die er besonnen ausführt. Balram weiß, was er tut, er kennt die Risiken, aber er sieht für sich **keine andere Chance**. Er riskiert damit das Wohl seiner Familie; aber auch dieser gegenüber empfindet er keine wirkliche Verpflichtung mehr, nachdem er hat einsehen müssen, dass seine Großmutter Kusum ihn ohne Weiteres unschuldig ins Gefängnis hätte wandern lassen, um sich durch die Aufopferung ihres Enkels noch besser mit den Grundbesitzern zu stellen. Immerhin bringt er es nach dem Mord nicht über sich, seinen Neffen Dharam im Stich zu lassen, auch wenn es für ihn leichter und sicherer wäre, alleine zu fliehen. Wahrscheinlich rettet er Dharam damit das Leben.

Balram als Unternehmer

Nach der erfolgreichen Flucht gelingt es Balram innerhalb kurzer Zeit, ein eigenes florierendes Taxiunternehmen auf die Beine zu stellen. Das unterstreicht seine **Tatkraft, Gerissenheit und Lebensklugheit**. Diese Charakterzüge werden wichtig, als einer seiner Fahrer nachts einen Unfall verursacht, bei dem ein Mensch getötet wird. Zwar versteht er es, eine ordentliche Untersuchung des Hergangs durch seine – auf Schmiergeldzahlungen beruhenden – guten Kontakte zur örtlichen Polizei zu unterbinden; aber er verhält sich anschließend gegenüber der Familie des Opfers anständig und menschlich. Die beiden im Roman geschilderten Unfälle und die Reaktionen darauf unterstreichen den Unterschied zwischen den Persönlichkeiten von Balram und Ashok: Balram empfindet **Mitleid** (sowohl mit seinem Fahrer wie auch mit dem Opfer des Unfalls) und versucht, durch ein anständiges Verhalten seine **Ehre** zu wahren, während Ashok vor allem Selbstmitleid empfindet und sich nicht gegen die unehrenhafte (wenn auch in seinen Kreisen gängige) Weise verwahrt, auf die seine Familie die Sache zu regeln versucht.

Ein einsamer Mensch

Die weitgehend **positive Charakterisierung** Balrams verwundert nicht, denn er selbst tritt ja als Erzähler seiner Geschichte auf. Balram präsentiert sich als überdurchschnittlich aufgeweckter Junge, der durch ein Stahlbad von Erlebnissen und Erfahrungen gegangen ist und sich **vom naiven, mittellosen Dorfkind zum abgebrühten, wohlhabenden Großstadtbewohner** gewandelt hat. Er betrachtet die Verhältnisse in Indien und sein eigenes Leben mit einer Haltung, in der zynische Abgeklärtheit und ehrliche moralische Empörung eine attraktive Mischung ergeben. So kommt es, dass es dem Leser – bei allen zwiespältigen Empfindungen, die die Selbstgefälligkeit und manche Handlungen des Erzählers in ihm auslösen mögen – nicht leicht fällt, sich von Balram zu distanzieren, auch wenn dieser einen recht kaltblütigen Mord auf dem Gewissen hat. Zu dieser mit zwiespältigen Gefühlen gemischten Anteilnahme, die man seiner Person und seiner Geschichte kaum versagen kann, mag auch beitragen, dass er **im Grunde eine einsame Figur** ist. Einsam ist er durch seine Lebensumstände, aber auch durch seine innere Distanz zu der gefügigen Beschränktheit seiner Schicksalsgenossen. Selbst seinen Neffen hält er innerlich von sich fern. Zwischen ihm und dem Jungen steht die Tat, die alles verändert hat: *“One day, I know, Dharam, this boy who is drinking my milk and eating my ice cream in big bowls, will ask me,* Couldn't you have spared my mother? Couldn't you have written to her telling her to escape in time? / *And then I'll have to come up with an answer – or kill him, I suppose.*” (S. 272) Der Mord an seinem Herrn wird Balram sein Leben lang verfolgen (vgl. auch S. 275 f.), auch wenn er am Ende darauf hofft, in die Gemeinschaft der Menschen zurückzufinden: *"I think I am ready to have children, Mr. Premier. / Ha!"* (S. 276)

Wen Jiabao, der Adressat

Chinesischer Ministerpräsident, pragmatischer Reformer

Der chinesische Ministerpräsident Wen Jiabao ist seit 2003, so sein offizieller Titel, „der Vorsitzende des Staatsrates". Damit ist er neben Präsident Hu Jintao, der ebenfalls seit 2003 im Amt ist, der mächtigste Mann Chinas. Beide treiben die Reformen und die wirtschaftliche Entwicklung und Öffnung Chinas gegenüber dem Rest der Welt pragmatisch voran. Im April 2005 besuchte Wen Jiabao Indien, wo er und sein indischer Kollege Manmohan Singh in Neu-Delhi eine „strategische Partnerschaft für Frieden und Wohlstand" vereinbarten.

Die Geschichte von Balrams Aufstieg kann in dieser Form nur **einem Außenstehenden** erzählt werden. Insofern erscheint es gewissermaßen auch konsequent, dass der chinesische Ministerpräsident als handelnde Figur zu keinem Zeitpunkt in die Romanhandlung eintritt. Er erhält als Mensch keine Kontur und bleibt ein Phantom. Dass sich Balram als außenstehenden Adressaten seiner Erzählung keinen Geringeren als den chinesischen Ministerpräsidenten auserwählt hat, wirft dagegen ein bezeichnendes Licht auf die Persönlichkeit Balrams selbst: auf sein Selbstbewusstsein und seine Neigung zur Schelmerei und Hochstapelei, vor allem aber seine Entschlossenheit, vor den Mächtigen der Welt nicht in Ehrfurcht zu erstarren. Wen Jiabao wird im Laufe der Erzählung mehrfach direkt angesprochen (vgl. z. B. S. 12). Auch zieht Balram an verschiedenen Stellen seiner Erzählung – meist ironisch gefärbte – Parallelen zwischen den Verhältnissen in Indien und dem, was ihm von China bekannt ist (vgl. z. B. S. 116).

Ein schemenhafter Ansprechpartner

Wen Jiabao wird als ein für chinesische Verhältnisse populärer Politiker beschrieben, der ein Interesse am wirklichen Leben des

Volkes zu haben scheint. Insbesondere die Armut auf dem Land hat sich in China in den letzten Jahren nur wenig gemildert, während die Städte, vor allem an der Ostküste des Landes, in einem unglaublichen Tempo reich wurden. Insofern ist die der Erzählung zugrunde gelegte Annahme, der chinesische Ministerpräsident habe ein echtes Interesse daran zu erfahren, wie Indien mit seinem ebenfalls gewaltigen Wohlstandsgefälle umgeht, nicht unplausibel; auch wenn man sich als Leser fragen muss, welche Lehren Wen Jiabao denn für sein Land aus Balrams Lebensgeschichte ziehen soll.

Balrams Familie

Bereits in jungen Jahren verliert Balram beide Eltern. Als er noch ein Kind ist – *"when I was six or seven or eight years old (no one in my village knows his exact age)"* (S. 12) –, stirbt seine **Mutter** und so spielt sie keine weitere Rolle mehr im Roman. Dies zeigt sich auch daran, dass ihr Name unbekannt bleibt.

Der Name des **Vaters**, **Vikram Halwai**, wird auf dem Fahndungsplakat (vgl. S. 10) und dem erzwungenen Geständnis (vgl. S. 143) genannt. Vikram ist Rikscha-Zieher und leidet, wie die anderen Männer der Großfamilie, unter dem dominanten Auftreten der Frauen, die innerhalb der Familie den Ton angeben (vgl. S. 22).

Balrams Vater fügt sich. Dennoch ist er ein stolzer Mann. Selbst am Wartestand der Rikschas steht er lieber aufrecht, als dass er hockt (vgl. S. 20). Er besteht darauf, dass Balram in die Schule geht, damit er lesen lernt (vgl. S. 23). Der begabte Sohn soll es einmal besser haben als er selbst. Er selbst sei sein ganzes Leben behandelt worden wie ein Esel; zumindest einer seiner Söhne solle leben wie ein Mensch (*"should live like a man"*, S. 26). Balrams eigene Karriere beruht auf diesem Wunsch seines Vaters: *“I wouldn’t be here, under this chandelier, if not for his guidance.”* (S. 19)

Prägend für Balram ist die Erfahrung des Todes seines Vaters (vgl. S. 42). Er schildert, auf welch entwürdigende Weise der Vater auf dem Flur des öffentlichen Krankenhauses gestorben ist, weil die Ärzte nicht da waren, um seine Tuberkulose zu behandeln.

Die Erinnerung an den Vater als lebenslanger Antrieb

Die Erinnerung an die **unverschuldet armselige Existenz** seines Vaters lässt Balram auch später nicht los. In Delhi betrachtet er vom Auto aus die Armen, die am Straßenrand vegetieren, und denkt, sein Vater, wenn er noch lebte, könnte einer von ihnen sein (vgl. S. 116). Sein Vater hat ihm vieles mit auf den Weg gegeben. Allerdings hat er ihm nicht beigebracht, sich die Zähne zu putzen, sich nicht in den Schritt zu fassen und nicht *paan* zu kauen (vgl. S. 123). So muss sich Balram fragen: *“Why had he raised me to live like an animal?”* (S. 128) Anhand dieser Frage zeigt sich die Beschränktheit der Lebenswelt des Vaters, aus der sich sein Sohn erst mühsam aus eigener Kraft herausarbeiten muss. Dabei steht ihm die Erinnerung an den Vater immer vor Augen. Auch nach dem Mord, auf der Flucht, und noch auf den letzten Seiten des Romans, quält ihn die Erinnerung daran, dass sein ungebildeter Vater, ungeachtet seiner persönlichen Würde, das hilflose Opfer seiner Umwelt gewesen ist (vgl. S. 252 und 273). Diese Erinnerung bildet für Balram einen dauerhaften Ansporn, nicht zuzulassen, dass dasselbe mit ihm passiert.

Traditionell und konservativ

Balrams **Großmutter Kusum** denkt und handelt traditionell und konservativ, was angesichts ihres Alters verständlich erscheint. Balram vergleicht sie mit Kali, der hässlichen Göttin des Todes (vgl. S. 113). Die Familie ist das Zentrum ihres Denkens und Handelns, das zukünftige Wohlergehen der Familie ist das Ziel ihres Tuns. Nach dem Tod ihres Sohns muss sie in wirtschaftlich schweren Zeiten (vgl. S. 162) die Familie durchbringen. Dafür nimmt sie Kishan und Balram aus der Schule, damit sie zum Familieneinkommen beitragen können (vgl. S. 31), und arrangiert möglichst lukrative Heiraten für ihre Enkel. Nach Kishan (vgl. S. 42) will sie auch Balram verheiraten (vgl. S. 73), der sich jedoch weigert, sich ihren Plänen zu unterwerfen.

Kontrolle über die Großfamilie

Sie kontrolliert die Familie, schikaniert Balrams Vater, zwingt Balram, Teile seines Lohns nach Hause zu senden (vgl. S. 58 und 72), und schickt ihm am Ende seinen Neffen Dharam, damit er sich um den Jungen kümmert (vgl. S. 224). Sie ist gerissen (vgl. S. 12 f.) und kann die herrschenden Machtverhältnisse realistisch einschätzen, wie ihr Verhalten gegenüber den Grundherren zeigt (vgl. S. 144).

Während die anderen Frauen im Roman sich passiv verhalten und von den Männern dominiert werden, führt die Figur der Großmutter Kusum vor Augen, dass auch indische Frauen Macht ausüben und Entscheidungen treffen können. Kusum zwingt Männer, ihr zu folgen – wenn auch nur in einem eingeschränkten Einflussbereich, der Familie.

Balrams Bruder

Balrams älterer Bruder **Kishan** wird nur in groben Zügen vorgestellt und charakterisiert. Er begleitet Balram anfangs auf seinem Weg, bis dieser sein Schicksal selbst in die Hand zu nehmen versucht. Von da an kann er ihm nicht mehr folgen. Damit ist das Wesentliche über seine Persönlichkeit gesagt: “[…] *he had no entrepreneurial spunk at all*” (S. 45).

Kishan wird einige Jahre vor Balram aus der Schule geholt und zum Arbeiten geschickt (vgl. S. 24). Kurze Zeit nach dem Tod des Vaters wird er von Großmutter Kusum verheiratet. Aber auch als verheirateter Mann bleibt er **Kusums Knecht**. Er geht, zusammen mit Balram, auf ihren Befehl nach Dhanbad (vgl. S. 42). Dort schlafen die Brüder auf der Straße (vgl. S. 57). Kishan ist zunächst Stütze und Vaterersatz (vgl. S. 45) für Balram. Nachdem dieser den Führerschein gemacht und eine Anstellung als Chauffeur gefunden hat, bleibt Kishan zurück. Nur als **Zaungast** nimmt er für eine Weile noch am Leben des aufgeweckteren Bruders teil, wenn er einmal im Monat im Auftrag der Großmutter an das Tor des Anwesens in Dhanbad kommt, um den weitaus größeren Teil des Geldes, das Balram verdient, abzuholen (vgl. S. 57 f.).

Kishan ereilt das Schicksal seines Vaters

Balram sieht ihn erst Monate später wieder, als er Ashok und Pinky Madam nach Laxmangarh fährt. Inzwischen ist Kishan ins Dorf zu seiner Familie zurückgekehrt (vgl. S. 71). Er arbeitet nun auf den Feldern, ist dünner geworden und ähnelt immer mehr dem Vater (vgl. S. 73). Auch wird er, nach Balrams Eindrücken, von den Frauen des Ortes und der Familie genauso erbarmungslos ausgenutzt wie seinerzeit der Vater (vgl. S. 74). Balram geht schon deshalb entschlossen seinen eigenen Weg, um nicht das gleiche Schicksal zu erleiden.

Balrams Neffe

Balrams Neffe **Dharam** ist, ähnlich wie Kishan, kein ausgeformter Charakter. Seine Bedeutung liegt in der doppelten Funktion, die er in Bezug auf Balrams Geschichte hat: Großmutter Kusum schickt ihn zu Balram, um diesen unter Druck zu setzen (vgl. S. 224 f.). Er soll gleichsam **das personifizierte schlechte Gewissen Balrams** sein, indem er ihn daran erinnert, dass er Pflichten gegenüber seiner Familie hat, die er nicht erfüllt. Darüber hinaus bedeutet der Name „Dharam" in Hindi „Religion", „Rechtschaffenheit" oder „Gesetz". *"Does your uncle know what it means?"* (S. 227), fragt *Vitiligo-Lips*, nachdem der Junge ihm seinen Namen gesagt hat. *"Shut up"*, antwortet Balram anstelle des Neffen. Durch diese gereizte Antwort wird deutlich, dass er die Anspielung verstanden hat. Balram hat begonnen, seinen Herrn zu hintergehen. (*Vitiligo-Lips* kann allerdings nicht ahnen, dass er auch darüber nachdenkt, seinen Herrn zu ermorden.) Der Name des Neffen ist eine **Mahnung, die reli-**

Dharam bedeutet Rechtschaffenheit

giösen und weltlichen Gesetze zu achten und von seinen Plänen abzulassen.

Gründliche Schulbildung

Auffällig ist, dass Dharam eine vergleichsweise gründliche Schulbildung genossen hat (vgl. S. 226 und 238). Offenbar hat Großmutter Kusum verstanden, dass Bildung eine lohnende Investition sein kann. Sie hat Dharam ermöglicht, was sie Balram noch verwehrt hat, wohl in der Hoffnung, dass Dharam es unter Balrams Führung noch weiter bringen werde als dieser; und sicherlich in der Erwartung, dass er die Familie später nicht so im Stich lassen werde wie Balram und dass er womöglich Balram dazu bringen könnte, sich wieder mit den Seinen zu versöhnen.

Am Ende nimmt Balram Dharam mit nach Bangalore und bewahrt ihn damit vor der Rache der Familie seines ermordeten Herrn. Nahe kommen sich Onkel und Neffe aber auch unter den neuen Umständen nicht. Nähe lässt Balram nicht zu.

Die **restliche Familie** arbeitet in Laxmangarh für die Grundherren, die Männer teilweise auch in Dhanbad, Delhi oder Kalkutta. Die vielen Tanten und Onkel, Cousins und Cousinen sind als Einzelpersonen ohne Bedeutung. Sie bilden zusammen das ärmliche und schicksalsergebene Umfeld, aus dem sich Balram herausarbeitet.

Ashok und seine Familie

Sanftmütig und freundlich

Ashok wird als gut aussehender Mann mittleren Alters vorgestellt, sanftmütig und freundlich, auch gegenüber seinen Dienern (vgl. S. 38). Er ist ein Sohn des *Stork*, verheiratet, aber kinderlos. Seine Kindheit verbrachte er in Laxmangarh, bis er und die anderen Kinder des Clans, nachdem eins von ihnen von Terroristen entführt worden war, aus Sorge um ihre Sicherheit in größere Städte gebracht worden waren (vgl. S. 21). Vor seiner Zeit in New York hat Ashok eine Beziehung mit einer nepalesisch aussehenden Inderin gehabt, Ms. Uma (vgl. S. 178 und 229). Seine Familie hat ihm aber nicht erlaubt, sie zu heiraten. Möglicherweise ist er in diesem Zusammenhang nach Amerika geschickt worden (um Uma zu vergessen). Was er in New York getan hat, wird nicht deutlich. Er hat dort Pinky Madam kennengelernt und geheiratet. Ihre Ehe hält vier Jahre (vgl. S. 178). Vijay nennt ihn *"kid"* (S. 232). Diese Anrede zeigt, dass Ashok wenig Respekt entgegengebracht wird. Über sein genaues Alter sagt sie wenig.

Herkunft des Namens

Ashoka der Große war der Name eines indischen Herrschers, der von 268 bis 232 v. Chr. große Teile des heutigen Indiens regierte und nach dem eine Straße in Delhi benannt ist (vgl. S. 180). Er sorgte dafür, dass sich der Buddhismus in Indien ausbreitete, und beendete die kriegerische Expansion, die das Reich zuvor in Unruhe gehalten hatte. Er organisierte das Reich neu und versuchte, überall Gutes zu tun. Seine „Edikte des Ashoka" sind in der Absicht verfasst, seine Vorstellungen vom rechten Leben im Volk populär zu machen. So heißt es dort unter anderem: „Respekt für Mutter und Vater sind gut, Großzügigkeit gegenüber Freunden, Verbündeten, Verwandten, Brahmanen und Asketen ist gut, keine Lebewesen zu töten ist gut, Mäßigung bei Ausgaben und Mäßigung beim Behalten sind gut." An anderer Stelle fordert er „angemessenes Verhalten gegenüber Dienern und Bediensteten".[3] Indem Balram seinen Herrn **Ashok als Lamm** bezeichnet (vgl. S. 120 und 132), wird deutlich, dass Aravind Adiga den Namen Ashok gewählt hat, um ihn bewusst als sanftmütigen Menschen zu beschreiben.

Ashok als Gefangener seiner Lebensumstände

Ashok kommt aus New York zurück – ähnlich wie Aravind Adiga selbst, der 2003 nach Indien zurückkehrte. Wie Adiga selbst muss er das Land erst wieder kennen- (vgl. S. 78) und die Details des Lebens, die Korruption, die Familienstrukturen und die Armut neu

---

3 Ulrich Schneider (Hrsg.): *Die großen Felsen-Edikte Ashokas*. Wiesbaden: Harrassowitz, 1978.

akzeptieren lernen (vgl. S. 100). Die Verhältnisse in seiner eigenen Schicht sind für ihn schon schwierig genug zu ertragen, einen Bezug zu Angehörigen der Unterschicht hat er nie aufgebaut (vgl. S. 203).

Bald nach seiner Rückkehr wird Ashok nach Neu Delhi geschickt, um mit seinem westlichen Auftreten und seinem guten Englisch die Beziehungen zu den Behörden und den wichtigen Politikern zu pflegen: Er muss Bestechungsgelder übergeben, damit die Familie damit die Familie daheim in Dhanbad weiter an der Steuer vorbei Geschäfte machen kann.

Ashoks Untauglichkeit als indischer Geschäftsmann

Trotz seiner Auslandserfahrung ist er jedoch für diese Aufgabe nicht wirklich geeignet, denn sein Aufenthalt in New York hat ihn **verweichlicht**. Das sehen alle so, die sich über ihn äußern: Balram, sein Vater *Stork* und sein Bruder Mukesh. Er ist seit seiner Zeit in New York Vegetarier (vgl. S. 71), er findet *paan* und das dauernde Spucken eklig (vgl. S. 59), hat seine Frau Pinky nicht unter Kontrolle (vgl. S. 100) und schlägt sie nach Ansicht seiner Umgebung zu selten (so Balram: vgl. S. 131 f.), er hat Skrupel, seine Diener auszubeuten und Bestechungsgelder zu zahlen. Ashok widerspricht seinem Vater und muss sich rüffeln lassen wie ein kleiner Junge (vgl. S. 59, 61 und 89). Er hinterfragt die indischen Wirklichkeiten, er verzweifelt am Widerspruch zwischen Anspruch und Realität. Die Zurechtweisung, Indien sei nicht Amerika (vgl. S. 61, 100, 115 und 181), muss er nur allzu oft hören. Die allseits herrschende Korruption widert ihn an; jedoch empfindet er offenbar kaum Skrupel, den Unfall mit Todesfolge, den seine betrunkene Frau verursacht hat, und die anschließende Fahrerflucht durch Korruption vertuschen zu lassen. Seine gutartigen Anschauungen, seine für ein Mitglied seiner Schicht vergleichsweise stark ausgebildete Menschenfreundlichkeit auch gegenüber seinen Dienern **halten keiner Belastungsprobe stand**.

Auch ohne einer solchen Belastungsprobe ausgesetzt zu sein, ist Ashoks Wohlwollen für seinen Chauffeur allerdings nur das Produkt einer momentanen Stimmung und keine dauerhafte, verlässliche Haltung. Erst nach Wochen fragt er nach Balrams Namen (vgl. S. 77); ebenso kommt er erst nach Wochen in die Dienerwohnung in Dhanbad (vgl. S. 67). Er bezeichnet sie, mit westlichen Augen, als *"awful"* (S. 67). Auch in Delhi dauert es Wochen, bis er in Balrams Kellerwohnung hinunterkommt. Er nutzt die bestehenden gesellschaftlichen Verhältnisse so aus, wie er es gewohnt ist, und hinterfragt die Beziehung zwischen Diener und Herr nur in Ansätzen. Andererseits schlägt er seine Diener nicht und zahlt Balram pünktlich und ohne Murren einen angemessenen Lohn (vgl. S. 121); er nutzt seine Machtposition nicht über Gebühr aus.

Ashoks Mangel an Durchsetzungskraft

Nach dem Scheitern seiner Ehe mit Pinky kehrt er zu seiner früheren Freundin Uma zurück, die zu heiraten ihm von seiner Familie verboten worden war. Die erneute Liaison unterstreicht den Eindruck, dass Ashok sich, ähnlich wie Balram, aus den Fesseln seiner Familie befreien möchte. Dass er seine neuerliche Beziehung zu Uma seinem Vater und seinem Bruder gegenüber verschweigt (vgl. S. 229), zeigt allerdings, wie gering sein Zutrauen ist, sich gegen deren Willen durchsetzen zu können. Wie sehr er verunsichert ist, zeigt sein Eingeständnis gegenüber Balram: *"I'm sick of the life I lead. We rich people, we've lost our way, Balram. I want to be a simple man like you, Balram."* (S. 203) Natürlich ist aber auch diese Behauptung nur eine Phrase, geäußert in einem Moment der Niedergeschlagenheit; glaubhaft daran ist nur das Eingeständnis, dass Ashok **mit seinem Leben tief unzufrieden** ist.

Am Ende übernimmt Balram Ashoks Namen. Seine Gefühle seinem Herrn gegenüber sind ambivalent, aber im Ganzen doch eher positiv: Zwar hat Ashok die Loyalität seines Dieners im entscheidenden Moment (bei dem Unfall mit Fahrerflucht) verspielt und war am

Ende auf Drängen seiner Geliebten im Begriff, ihn als Fahrer zu ersetzen; aber er hat sich ihm gegenüber sonst doch auch vergleichsweise anständig und menschlich verhalten. Als böse erscheinen daher vor allem die anderen Mitglieder der herrschenden Schicht. Ashoks Fehler ist lediglich, dass er zu diesen anderen gehört, dass er selbst nicht den Mut aufbringt, seinem eigenen Hühnerkäfig zu entkommen, und dass er entsprechend, wenn es darauf ankommt, auch so handelt wie sie. So *bleibt* er **ein Gefangener und** *wird* **ein Opfer seines eigenen sozialen Hintergrunds**.

Ashoks Frau ist attraktiv und westlich orientiert

Ashoks Frau nennt Balram **Pinky Madam**. Pinky ist ein ungewöhnlicher Name, aber ein anderer wird im Text nicht genannt. Pinky ist nicht blond, denn sonst hätte dies Balram angesichts seiner Faszination für blondes Haar sicher an irgendeiner Stelle angemerkt. Stattdessen wird sie mit der dunkelhaarigen Göttin Sita verglichen (vgl. S. 38). Ihr Alter und persönlicher Hintergrund bleiben unklar; allein, dass die Ehe vier Jahre gedauert hat, wird von Ashok erwähnt (vgl. S. 178). Pinky Madam wird als attraktive und vor allem eindeutig westlich orientierte Frau vorgestellt, wodurch sie von den anderen Charakteren abgegrenzt wird. Sie trägt westliche Kleidung, Hosen oder zu kurze Röcke und zu tiefe Ausschnitte. Ihr Auftreten wird von allen Beobachtern als schamlos empfunden. Auch Balram reagiert auf ihre sexuellen Reize (vgl. S. 65, 120, 121 und 208). Pinky spricht Hindi und Englisch (vgl. S. 39) und ist Christin (vgl. S. 65). Sie hat offenbar wenig zu tun, macht Sport, beschäftigt sich mit Ausgehen und Einkaufen, langweilt sich und sehnt sich zurück nach Amerika. Bereits in Dhanbad verlässt sie nur selten das Haus (vgl. S. 61), in Delhi schaut sie viel fern (vgl. S. 117), schlägt Türen zu oder macht schroffe, beißende Bemerkungen (vgl. S. 118).

Ihren Mann Ashok hat sie unter Kontrolle; das ist zumindest der Eindruck, den Ashoks Familie und auch Balram von Ashoks und Pinkys Verhältnis haben.

Pinkys Abscheu gegenüber Indien

Die westlich geprägten Charaktere Pinky Madam und Ashok sind neben Balram die einzigen Figuren im Roman, die sich über die Zustände in Indien erregen. Vor allem Pinky kann den Dreck, die Behandlung der Diener oder die Korruption nicht ertragen. Sie fühlt sich von Ashok verraten, der nicht wieder mit ihr nach New York zurückkehren will, aber nicht den Mut hat, das offen auszusprechen (vgl. etwa S. 130).

Pinkys grundsätzliche Unzufriedenheit mit den indischen Verhältnissen veranlasst sie aber nicht, in ihrem eigenen Verhalten Zeichen zu setzen. Sie denkt sich nichts dabei, Balram wegen seiner englischen Aussprache von *"mall"* (vgl. S. 124) und *"pizza"* (vgl. S. 131) lächerlich zu machen. Mit solchen Belustigungen hilft sie sich über die üblichen Streitigkeiten mit Ashok hinweg. Auch amüsiert sie sich köstlich, als Balram sich auf Anweisung von Ashok hin zu ihrem Geburtstag als Maharadscha mit Turban verkleiden muss (vgl. S. 130).

Auswirkungen des Unfalls

Unabsichtlich entscheidenden Einfluss auf Balrams Geschichte (und letztlich: das Schicksal ihres Mannes) nimmt Pinky, als sie betrunken den tödlichen Unfall verursacht und Fahrerflucht begeht. Sie fühlt sich schuldig und ist deshalb fassungslos, als sie miterleben muss, wie die Verantwortung auf Balram abgeschoben wird. Balram bemerkt, dass ausgerechnet die Frau mit den kurzen Röcken als einziges Mitglied der Familie seiner Herrschaften ein Gewissen hat (vgl. S. 153). Diese Episode bildet den Anlass für Pinky, Indien fluchtartig zu verlassen (vgl. S. 154). Ihre Ehe mit Ashok scheitert am Ende an den Lebensumständen in Indien, für die sie kein Verständnis aufbringt.

Ashoks weitere Familie

Ashok stammt aus einer wohlhabenden **Familie von *landlords*** (Grundherren). Diese Familie gehört zu einem der Clans, die Balrams Heimatdorf beherrschen. Doch die Besitzungen auf dem Land dienen nur noch als Rückzugsort. Die großen Geschäfte werden in der Stadt gemacht.

Die Grundherren des Heimatorts

Einer der Clanchefs ist Ashoks Vater Thakur Ramdev (S. 52), der von Balram nur **"[t]he Stork"** (der Storch, S. 20) genannt wird. Thakur ist ein Titel eines adligen Herrn, Ramdev ist demnach der Nachname der Familie. Ein weiterer Clanchef, *"the Wild Boar"* (der Wilde Eber, S. 21), ist ein Bruder des Storchs und damit Ashoks Onkel (vgl. S. 70). Bei den anderen beiden Grundherren – *"the Raven"* und *"the Buffalo"* (S. 21) – wird nicht geklärt, ob sie mit der Familie verwandt sind.

Der *Stork*

Der *Stork* ist im Widerspruch zu seinem Spitznamen *"a fat man with a fat mustache"* (S. 20) und der **Patriarch der Familie**. Er hat sein Geschäft und seine Söhne unter Kontrolle, auch seine Diener beherrscht er mit altväterlicher Strenge. Seine Weltsicht ist konservativ. Er mag keine Muslime (vgl. S. 59), er war gegen Ashoks Ehe mit Pinky, der westlich orientierten Christin (vgl. S. 161). Wenn Balram ihm mit warmem Wasser die Beine massieren muss, schlägt er ihn ab und zu (vgl. S. 61). Eingestellt hat er ihn, weil er aus seinem Dorf stammt (vgl. S. 51). Beides zeigt seine Verwurzelung in einem traditionellen Rollenbild: Er übernimmt Verantwortung für Leute, deren Grundherr er ist, aber behandelt sie auch nach Gutdünken. Zudem hat er einen Angestellten aus seinem Heimatdorf besser unter Kontrolle, weil dessen Familie sich gewissermaßen in seiner Geiselhaft befindet.

Diese konservative Welt des alten Mannes gerät aus den Fugen, als er sich politisch verkalkuliert und bei den anstehenden Wahlen nicht länger, wie er es früher getan hat, auf den *Great Socialist* setzt. Das kostet ihn letztlich enorme Summen und gefährdet seine

Geschäfte. Zudem muss er mit ansehen, wie Ashoks Ehe mit Pinky zerbricht. Am Ende wird sein Sohn Ashok ermordet. (Dass er überdies einen muslimischen Fahrer beschäftigt hatte, fällt demgegenüber wenig ins Gewicht und bleibt ihm durch die Flucht Ram Persads ohnehin verborgen.)

Ashoks Bruder

Die *landlords* haben Söhne und Töchter (vgl. S. 21), doch nur die Söhne des *Stork* treten mit Namen auf: Ashok und sein Bruder **Mukesh**, der von Balram "*Mongoose*" (Mungo, vgl. die Worterklärung zu S. 60) genannt wird. Er ist klein und hässlich, ist verheiratet und hat zwei Söhne (vgl. S. 64). Er wird dem *Stork* nachfolgen, weil Ashok noch zu dessen Lebzeiten sein Leben vermasselt. Bis dahin versucht Mukesh, Ashok in kleinen Schritten wieder an das Leben in Indien zu gewöhnen (vgl. etwa S. 100). Er organisiert die Bestechungszahlungen, kontrolliert Ashoks Aktivitäten, kommt angereist, als sein Bruder und Pinky sich in Delhi in Schwierigkeiten gebracht haben, und versucht später, eine neue Frau für Ashok zu finden (vgl. S. 203). Balram begegnet er mit Herablassung und Abneigung. So ist er in nahezu jeder Beziehung die unangenehme Gegenfigur zu seinem attraktiveren, freundlicheren, weicheren, aber antriebslosen Bruder.

Ms. Uma

Nach der Flucht Pinkys beginnt Ashok eine andere Frau zu treffen. Balram hält sie zunächst für eine Nepalesin (vgl. S. 172), aber offenbar ist sie Inderin (vgl. S. 179). Sie stellt sich als Ashoks alte Freundin Uma heraus, die er nicht heiraten durfte. Sie hat nach wie vor Interesse an ihm und bald sind die beiden erneut ein Paar (vgl. S. 177). Schnell gewinnt sie Macht über Ashok, indem sie beispielsweise auf der Anstellung eines neuen Fahrers besteht (vgl. S. 229). Jedoch gelingt es ihr nicht, Ashok dazu zu bringen, dass er sich gegenüber seiner Familie zu ihr bekennt (vgl. S. 229).

Weggefährten Balrams

Konkurrenten Balrams im Haushalt des *Stork*

Der **Muslim Ram Persad** ist der ältere und damit ranghöhere **Fahrer** im Haushalt des *Stork* in Dhanbad. Den Neuankömmling Balram behandelt er feindselig und lässt ihn auf dem Fußboden schlafen. Seinen religiös offensichtlich intoleranten Arbeitgebern gegenüber hat er jahrelang erfolgreich verheimlicht, dass er Muslim ist (vgl. S. 90 ff.). Nachdem Balram sein Geheimnis entdeckt hat, zieht er es vor, nachts heimlich zu verschwinden, da Balram keinen Zweifel daran gelassen hat, dass er die neue Situation rücksichtslos zu seinem eigenen Vorteil ausnutzen wird.

Der **nepalesische Hausangestellte** in Dhanbad, **Ram Bahadur**, ist bereits seit 30 Jahren für die Familie des *Stork* tätig (vgl. S. 77). Er erscheint als intriganter und korrupter Mensch. So soll Balram ihn für seine Fürsprache bei den Herrschaften bezahlen (vgl. S. 90). Auch wird angedeutet, dass er offenbar von Ram Persads Religionszugehörigkeit wusste und ihn (sicher nicht ohne Gegenleistung) gegenüber den Herrschaften gedeckt hat (vgl. S. 92). Auch ihn, der den zweiten Fahrer ebenso wie Ram Persad bis dahin hochmütig und feindselig behandelt hat, hat Balram am Ende seiner Zeit im Haushalt des *Stork* in der Hand.

Held von Balrams Kindheit und Jugend

Vijay ist der Held von Balrams Kindheit und Jugend. Er stammt aus einer Familie von Schweinehirten, aber er arbeitet sich stetig nach oben. Zu Beginn der Geschichte ist er Busschaffner: Mit einem festen Gehalt und einer schicken Uniform hat er den Weg aus der ländlichen Armut und der Enge des Dorfes gefunden. Balram will sein wie er (vgl. S. 26).

Vijay bildet im Roman eine **Komplementärfigur zu Balram**, denn auch er geht über Leichen. Sein Weg führt ihn in die Politik. Im Gefolge des *Great Socialist* steigt er zunächst im engeren Umkreis seines Heimatorts zu einer politischen Größe auf, wobei er sich noch vor dem *Stork* ducken muss (vgl. S. 83). Als eines Tages ein Mann gegen alle hergebrachte Ordnung tatsächlich wählen gehen und seine unabhängige Stimme abgeben will, wird er von Vijay und einem Polizisten zu Tode geprügelt (vgl. S. 85). Später, als Vijay als Begleiter des *Great Socialist* in Dhanbad auf dem Anwesen des *Stork* auftaucht, hat er bereits eine solche Stellung inne, dass sich der *Stork* vor ihm demütigen muss (vgl. S. 86–88). Nach dem Wahlsieg des *Great Socialist* begegnet Balram Vijay noch ein letztes Mal, als dieser im Auto mit Ashok die Höhe der Bestechungsgelder bespricht, die Ashok noch zahlen muss. Seine Goldzähne bringen zum Ausdruck, dass er nun endgültig zu den tonangebenden Leuten gehört (vgl. S. 232). Mit der lässigen Bemerkung *"I'll send some boys over"* (S. 232) verfügt er über eine Truppe von Schlägern. Während Balram als Einzelgänger um seinen persönlichen Platz an der Sonne kämpft, kommt Vijay **als Gefolgsmann** und **im politischen Apparat** nach oben.

Vijays Aufstieg mithilfe von Politik und Gewalt

Der Fahrlehrer ist einer der wichtigsten Menschen in Balrams Leben, da dessen Leben ohne Führerschein wohl ganz anders verlaufen wäre. Der Fahrlehrer nimmt also die **Rolle eines Mentors** ein; er begleitet den jungen Balram auf dem Weg ins Erwachsenwerden (vgl. S. 17 f.). Das zeigt sich auch daran, dass er den jungen Schüler abends in ein **Bordell** mitnimmt, wo dieser in die Geheimnisse der körperlichen Liebe eingeführt wird. *"I've taught you to be a driver and a man"* (S. 49), sagt der alte Fahrlehrer, als er seine Mission beendet hat.

Einer der wichtigsten Menschen in Balrams Leben

Vitiligo-Lips, ein durch eine Pigmentstörung verunstalteter Fahrerkollege Balrams in Delhi, steht als einziger konturierter Charakter für die im Übrigen eher gesichtslose Gruppe der Chauffeure (den *"monkey-circle"*, S. 192), von der Balram sich im Allgemeinen

Balrams Bezugsfigur unter den Chauffeuren

möglichst fernhält. Sein Hintergrund wird nur knapp umrissen: Er kommt ebenfalls vom Land (vgl. S. 103) und wohnt wie alle anderen Fahrer im Keller des Apartmenthochhauses. Balram gegenüber nimmt er auf gönnerische Weise die **Rolle des Ratgebers im Dickicht des Großstadtdschungels** ein. Den Qualis-Minivan seines Chefs zweckentfremdet er gelegentlich als Taxi (vgl. S. 197). Er betätigt sich als Kuppler (sein Arbeitgeber schläft mit diversen Schauspielerinnen) und verkauft nebenher gebrauchte Whiskey-Flaschen (vgl. S. 234). Diese Nebentätigkeiten werden alle auf die eine oder andere Weise wichtig für Balrams Bemühung, seine Dienstbotenexistenz abzustreifen. Einen solchen Weg zu gehen, würde *Vitiligo-Lips*, bei all seiner Umtriebigkeit, niemals wagen. Das zeigt seine Überraschung, als ihm klar wird, dass die von ihm vermittelte blonde Prostituierte nicht für Balrams Herrn, sondern für Balram selbst gedacht ist. Jedoch imponiert ihm Balrams Selbstbewusstsein (vgl. S. 198).

3.5 Sachliche und sprachliche Erläuterungen

Widmung	**Ramin Bahrani**	Ein alter Freund Adigas aus New Yorker Studientagen, heute Filmregisseur; ihm ist auch *Between the Assassinations* gewidmet.
S. 2	***namastes***	Demütige Verbeugungen.
S. 2	**entrepreneur**	Unternehmer; im Begriff schwingt der *self-made-man* an, jemand, der seines Glückes Schmied ist und seinen Erfolg der eigenen Arbeit verdankt.
S. 3	**companies that run America**	*Outsourcing* ist ein großes Geschäft in Bangalore, die Computerzentren vieler großer US-Konzerne werden mittlerweile von Indien aus betreut.
S. 3	**Gandhi**	Vgl. Kapitel 2.2 zum zeitgeschichtlichen Hintergrund.
S. 3	**about pirates and gold in Hong Kong**	Hinweis auf die Zeit der Opiumkriege des 19. Jhs.
S. 3	**China, Afghanistan, Abyssinia**	In der Tat ist es den europäischen Mächten im 19. Jh. nicht gelungen, ihre Kolonialgebiete auf diese drei Länder auszudehnen. (Abessinien ist eine Hochgebirgsregion in Nordäthiopien.) Thailand und der Iran gehören auch in diese Liste.
S. 4	**buggery**	Ein veralteter Begriff für „widernatürlichen Geschlechtsverkehr".
S. 4	**bootlegged copy**	Illegaler Nachdruck.
S. 4	**Rumi, Iqbal, Mirza Galib**	Dschalal ad-Din ar-Rumi (gest. 1271), einer der bedeutendsten persischen Dichter des Mittelalters; Sir Muhammad Iqbal (gest. 1938), setzte sich früh für die Gründung Pakistans ein, gilt als wichtigster islamischer Philosoph der Neuzeit; Mirza Asadullah Baig Khan (gest. 1869), gilt als wichtigster Dichter in der Sprache Urdu, einer der

		22 offiziellen Nationalsprachen Indiens, die häufig von Muslimen benutzt wird.
S. 5	**150-square-foot office of mine**	‚Fuß' ist ein englisches Längenmaß, das 30,5 Zentimetern entspricht. Das Büro von Balram hat demnach eine Größe von gut 50 Quadratmetern.
S. 5	**chandelier**	Kronleuchter. Die Kronleuchter in Balrams Büro und in seiner Wohnung dienen als Schutz vor den Eidechsen (die das helle Licht meiden), vor denen Balram seit Kinderzeiten panische Angst hat (vgl. S. 24–26), und machen nach seiner Empfindung die Widersprüche seiner Existenz sinnfällig (vgl. S. 97 f.): Er kommt aus der Dunkelheit (der Armut) und sitzt nun im Hellen (sonnt sich im Erfolg); er ist nach wie vor ein Mann auf der Flucht (vor der Polizei), versteckt sich aber nicht im Dunkeln, sondern im Hellen (wie er auch ungeniert als gesuchter Verbrecher mit der Polizei Geschäfte macht).
S. 5	**Hindi films**	Gemeint ist die Filmindustrie, die im Westen als „Bollywood" bekannt ist. Auch in anderen Sprachen werden in Indien Filme gedreht.
S. 5	**the number 786 … the Muslims think this is a magic number**	Manche Muslime weisen dieser Zahl nach einem komplizierten System die Anfangsworte des Korans zu: „Im Namen des barmherzigen und gnädigen Gottes".
S. 6	**gold sovereigns**	Altertümliche Goldmünzen.
S. 6	**The Christians have three gods**	Gemeint ist die Dreifaltigkeit von Vater, Sohn und Heiligem Geist.
S. 7	**a statutory warning**	Eine gesetzliche Warnung.

S. 7	**Honda City**	Ein Mittelklassewagen, der nur für die asiatischen Märkte produziert wurde.
S. 7	**half-baked**	Unreif, unerfahren, ‚grün'.
S. 9	**silver Macintosh laptop**	Apple-Computer sind auch in Indien ein Statussymbol.
S. 10	**Five feet four inches**	Ein *foot* entspricht 30,5 cm, ein inch 2,5 cm. Balrams Körpergröße beträgt demnach (nach der Schätzung der Polizei) 163 cm.
S. 11	***paan***	Das Wort bezeichnet zusammenfassend eine Alltagsdroge aus mehreren Bestandteilen: Die Blätter des Betelbaumes werden mit der Arekanuss im Mund gekaut, färben den Speichel rot und werden zuletzt wieder ausgespuckt. Sie wirken stimulierend.
S. 11	**sidekick**	Kumpel, ‚Spezi', Partner.
S. 11	**Laxmangarh**	Ein fiktives Dorf.
S. 12	**Mother Ganga**	Der Fluss Ganges ist einer der großen Flüsse Indiens. Er entspringt im Himalaja und fließt in den Indischen Ozean. Den Beinamen ‚Mutter' erhält der Fluss, weil er als materielle Verkörperung einer Göttin angesehen wird. Sie steht für Reinheit und ein Bad im Fluss soll die Sünden abwaschen. Der Fluss ist heute völlig verschmutzt.
S. 12	**sadhus**	Hinduistischer Mönch oder Einsiedler.
S. 12	**Hardwar**	Auch Haridwar, ein sehr wichtiges hinduistisches Pilgerziel.
S. 12	**Benares**	Millionenstadt im Nordosten des Landes am Ufer des Ganges, heute Varanasi. Ein Hindu, der in Benares stirbt, verlässt den normalerweise zwangsläufigen Kreislauf der irdischen Wiedergeburten und befreit seine Seele.
S. 13	**the *ghat***	Eine Badestelle für rituelle Waschungen.

S. 15	**the district of Gaya**	Bezirk im Nordosten Indiens, im Bundesstaat Bihar.
S. 15	**Bodh Gaya**	Der Ort im Bundesstaat Bihar ist ein wichtiges Pilgerzentrum, denn dort hatte der Legende nach Prinz Gautama, genannt „Der Buddha“ (Der Erleuchtete), seine religiöse Offenbarung. Nach einer langen Phase der Abwendung von irdischem Luxus saß er meditierend unter einem Feigenbaum und stand erst als der „Buddha“ wieder auf. Eine genaue historische Einordnung dieses Ereignisses ist nicht möglich, Angaben schwanken zwischen dem 6. und 4. Jh. v. Christus. Ein Abkömmling des Baums ist in Bodh Gaya noch heute zu sehen.
S. 15	**jaggery**	Unraffinierter Rohzucker.
S. 16	**have foisted on us**	foist s.th. on s.o.: jemandem etwas andrehen, aufhalsen.
S. 16	**hog**	Schwein.
S. 17	**if it still exists … if any of them are still living, after what I did**	Eine Vorausdeutung auf den Mord Balrams an Ashok und die mögliche Rache der Grundherrenfamilie.
S. 17	**winnowing**	Worfeln: Bei leichtem Wind wird frisch geerntetes Getreide in die Luft geworfen; der Wind trennt die Spreu (also die Hülsen) vom Weizen und anderen Körnern.
S. 17	**tick**	Zecke.
S. 19	**maroon**	Kastanienrotbraun.
S. 19	**blue-movie theater**	Pornokino.
S. 19	**golden-haired women**	Vorausdeutung auf den besonderen Reiz, den blonde Frauen (als Inbegriff westlicher Schönheit) in dem Roman auf indische Männer und besonders auf den Erzähler ausüben.

S. 20	**Ambassador car**	Dieses altmodische Fahrzeug basiert auf einem britischen Modell aus dem Jahre 1956 und wird seit 1958 ohne größere Änderungen im Design verkauft.
S. 20	**landlords**	Grundherren. Diese mittelalterliche Vokabel wird hier verwendet, um die Machtposition der Familie zu beschreiben: Wie Feudalherren kontrollieren sie den Ort und finanzieren ihren aufwändigen Lebensstil aus den Abgaben der Abhängigen, vor allem der Bauern.
S. 21	**the Naxals**	Seit den späten 1960er-Jahren kämpfen in unterschiedlichen Bundesstaaten linksradikale Rebellen gegen die herrschende Ordnung. Sie haben keine einheitliche Organisation, und die genaue Zielsetzung der einzelnen Gruppen ist – neben ihrem Kampf gegen Landbesitzer und die Regierung – nicht immer zu erkennen. Mittlerweile haben einige den Weg blanken Terrors gegen die Bevölkerung, Schulen, Brücken und Eisenbahnen gewählt, während andere Gruppen aus der Bewegung inzwischen legale kommunistische Parteien geworden sind. Eine Unterstützung durch China wird immer wieder behauptet.
S. 23	**paddy**	Eine Sorte Reis.
S. 23	**Nizzamudin**	Ein Stadtteil von Neu-Delhi.
S. 24	**lizard**	Eidechse.
S. 25	**expectorate**	Das Ausgespuckte.
S. 25	**toddy**	Palmwein.
S. 26	**pigherds**	Schweinehirten.
S. 26	**to dip his beak into**	„seinen Schnabel hineinstecken“, Slang-Ausdruck für Geschlechtsverkehr; hier für homosexuellen Analverkehr.

S. 28	*roti*	Fladenbrot.
S. 28	*daal*	Linsengericht.
S. 30	**the Great Socialist**	Eine erfundene Figur, in der Adiga Eigenschaften verschiedener indischer Politiker zusammenfasst; Leser des Romans haben im Internet Vermutungen darüber angestellt, ob ein bestimmter Politiker für die Figur als Vorbild gedient haben könnte; solche konkreten Parallelen bleiben jedoch zweifelhaft und führen nicht weiter.
S. 30	**Patna**	Hauptstadt des Bundesstaats Bihar, in dem Laxmangarh liegt.
S. 30	**got hitched off to**	Umgangssprachlich für: wurde verheiratet mit.
S. 31	**hooch**	Illegaler Alkohol, Fusel.
S. 33	**CBI Web site**	Die aktuelle Webadresse des indischen *Central Bureau of Investigation* lautet: www.cbi.gov.in. Die dortige Liste der gesuchten Personen ("*wanted*") zeigt, dass Adiga hier realen Vorbildern folgt.
S. 35	**Dhanbad**	Eine Industriestadt im Nordosten Indiens im Bundesstaat Jharkhand, die vom Kohlebergbau lebt.
S. 37	**rictus**	Weit offen stehender Mund.
S. 38	***www.whitetiger-technologydrivers.com***	Diese Site ist derzeit (April 2012) ohne Inhalt.
S. 38	**start-up**	Frisch gegründetes Unternehmen, meist im Bereich der Software- oder Telekommunikationsbranche.
S. 39	**by eavesdropping**	Durch Horchen, Lauschen.

S. 40	**LOHIA UNIVERSAL FREE HOSPITAL**	Der Namensgeber dieses Krankenhauses ist Ram Manohar Lohia (1910–1967), ein sozialistischer Politiker und führendes Mitglied der indischen Unabhängigkeitsbewegung.
S. 40	**jaundice**	Gelbsucht, wohl Hepatitis.
S. 41	**ledger**	Register, Akte, Kontobuch; hier im übertragenen Sinn: die staatliche Bürokratie.
S. 43	**thug**	Verbrecher, Gangster.
S. 43	**vitiligo**	Auch Weißfleckenkrankheit genannte harmlose Pigmentstörung der Haut.
S. 45	**charpoy**	Eine Art Bett, das auch als Sofa vor dem Haus stehen kann.
S. 46	**a Sikh**	Angehöriger der Religionsgruppe der Sikhs, die hauptsächlich im Nordwesten Indiens, im Pandschab leben. Die Männer dieser Religionsgruppe schneiden sich die Haare nicht, sie tragen sie zusammengerollt unter einem Turban.
S. 47	**hookah**	Huka, orientalische Wasserpfeife.
S. 47	**caste**	Eine Einteilung der Gesellschaft in Gruppen mit bestimmten Rechten, Pflichten und Eigenschaften, vergleichbar mit den Ständen der europäischen Frühen Neuzeit (vgl. auch den Abschnitt über das „Kastenwesen" im fünften Kapitel).
S. 47	**Halwai**	Traditionell die Kaste der Süßigkeitenhersteller, der Konditoren und Zuckerbäcker. Vgl. türk. *helva*, griech. *halvas*, russ. Халва.
S. 47	**stallion**	Zuchthengst.
S. 47	**Rajputs**	Traditionell Angehörige der Kriegerkaste, vornehmlich aus Rajasthan im Nordwesten Indiens.

S. 49	**Sari**	Traditionelle, auch heute noch weit verbreitete Oberbekleidung indischer Frauen; ein rechteckiges Tuch, das um den Körper geschlagen und meist über einem langen Unterrock und einer T-Shirt-artigen Bluse getragen wird.
S. 49	**nitwit**	Schwachkopf.
S. 52	**power steering**	Servolenkung.
S. 53	**feces**	Kot.
S. 54	**the fifteenth of August, 1947 – the day the British left**	Der Tag der indischen Unabhängigkeit (vgl. Kap. 2.2).
S. 55	***Gulab jamuns, laddoos***	Frittierte Teigbällchen, Krapfen.
S. 56	**betel juice**	Vgl. Anmerkung oben zu S. 11, *paan*.
S. 58	**a speaker system**	Eine HiFi-Anlage.
S. 58	**A/C**	(Air Condition) Klimaanlage.
S. 58	**spittoon**	Spucknapf für die Reste der gekauten Betelblätter.
S. 59	**cricket**	Indischer Nationalsport; ein Mannschaftsspiel, das aus England stammt und im gesamten ehemaligen Empire populär ist. Die wichtigsten Spieler sind ein Ballwerfer und ein Schläger der gegnerischen Mannschaft, der den Ball ins Feld schlägt; von dort aus muss die Mannschaft des Werfers ihn so schnell wie möglich zurückbringen; entfernt vergleichbar mit Brennball oder Baseball.
S. 59	**Azharuddin ... Gavaskar**	Mohammad Azharuddin (geb. 1963) war in den 1990er-Jahren Kapitän des indischen Cricket-Nationalteams. Sunil Manohar Gavaskar (geb. 1949) war in den 70er- und 80er-Jahren ein berühmter indischer Cricket-Spieler.

S. 60	**Mongoose**	Mungo, eine in Indien weit verbreitete Raubtierart; Vierbeiner mit einer Körperlänge von bis zu 45 cm und langem Schwanz, ein entfernter Verwandter der Wildkatze; im Roman der im Heimatdorf Balrams verbreitete Spitzname für Mukesh (vgl. S. 64), den älteren Sohn des *Stork*.
S. 62	**liquor**	Starke alkoholische Getränke wie Whiskey. Alle Alkoholmarken im Geschäft haben britische oder britisch klingende Namen (vgl. S. 63), selbst wenn sie in Indien hergestellt werden. Einheimischer Alkohol wird offenbar als minderwertig betrachtet.
S. 62	**toddy, arrack, country hooch**	Grog bzw. Palmwein, Arrak (Reisbranntwein), ländlicher Fusel.
S. 64	**swat**	Schlagen.
S. 67	**thud**	Dumpfer Aufschlag.
S. 67	**Pomeranian**	Zwergspitz (Hunderasse).
S. 68	**to digest my master**	Meinen Herrn zu ertragen und mich mit ihm zu identifizieren.
S. 71	**the Brahmins**	Die Brahmanen, Angehörige der höchsten Kaste (vgl. den Abschnitt zum „Kastenwesen" in Kapitel 5).
S. 73	**neck tendons**	Halssehnen.
S. 73	**clavicle**	Schlüsselbein.
S. 74	**tadpoles**	Kaulquappen.
S. 74	**giant boulders**	Riesige Fels- oder Geröllblöcke.
S. 76	**neems ... banyans**	Indische Baumarten.
S. 79	**Castro**	Fidel Castro (*1926), Anführer der kubanischen Revolution, Regierungschef in Kuba von 1959 bis 2008. Castro hat nach der Revolution eine radikale Gesellschaftsreform durchgeführt.

S. 79	**franchise**	Wahlrecht.
S. 81	**grand larceny, gun runnning, pimping**	Schwerer Diebstahl, Waffenschmuggel, Zuhälterei.
S. 82	**Like eunuchs discussing the Kama Sutra**	Also ob Eunuchen die Techniken der traditionellen indischen Kunst der körperlichen Liebe diskutieren würden.
S. 82	**a policeman writing a slogan**	In einer funktionierenden Demokratie darf die Polizei auf keinen Fall öffentlich Wahlwerbung für eine Partei betreiben; insofern ein Beispiel für Korruption.
S. 82	**LENINIST FACTION**	Diese fiktive Partei dient allein dem Zweck, dem *Great Socialist* Stimmen abzujagen; daher der durch den Bezug auf Lenin kommunistisch wirkende Name. Dabei handelt es sich um die Partei der konservativen Geschäftsleute.
S. 83	***pooja***	Ein hinduistisches Ritual, ein Dankfest.
S. 83	**mutton *biryani***	Indisches Gericht mit Reis und Lammfleisch.
S. 84	**he had made his Benares**	Vgl. Anmerkung zu Seite 12: In Benares zu sterben bedeutet, seine Seele von allem Irdischen zu befreien. Also hier: ein Akt der Selbstbefreiung, der Loslösung von allen irdischen Zwängen.
S. 86	**a white Nehru cap**	Nehru, der erste Ministerpräsident Indiens, trug einen kleinen weißen Hut, der zu seinem Markenzeichen wurde (s. Abb. auf S. 13 dieses Bandes).
S. 90	**Ram Persad would refuse to eat with us**	Einem gläubigen Muslim ist es während des Fastenmonats Ramadan verboten, tagsüber zwischen Sonnenauf- und -untergang zu essen.
S. 91	**shoes and sandals**	Ein Muslim betritt die Moschee ohne Schuhe. Dass die Moschee als solche nicht zu erkennen ist, zeigt den Minderheitenstatus der Muslime in diesem Teil Indiens.

S. 92	**was in on the scam**	Gemeint ist: Der nepalesische Torwächter war an der Täuschung der Herren beteiligt.
S. 97	**drawing-room**	Eigentlich das Zimmer im Haus, in das man sich mit Gästen zurückzieht (*to withdraw*); aus der Mode gekommener Begriff für Wohnzimmer.
S. 97	**bullock cart**	Ochsenkarren.
S. 99	**hick**	Trottel vom Land.
S. 99	**Every road in Delhi has a name, like …**	Aurangazeb (1618–1707) und Humayun (1508–1566) waren Mogul-Kaiser Indiens, Erzbischof Makarios (1913–1977) führte Zypern 1960 in die Unabhängigkeit von Großbritannien. Nikolaus Kopernikus (1473–1543), ein polnisch-deutscher Astronom, erkannte als Erster, dass sich die Erde um die eigene Achse dreht und die Planeten sich um die Sonne bewegen.
S. 99	***Hahn?***	Hä?
S. 99	**lice**	Läuse (Pluralform von "*louse*").
S. 100	**temper tantrums**	Ausbrüche schlechter Laune.
S. 100	**fixer**	Ein Mann, der Dinge regelt bzw. der Leute kennt, die einem helfen können (*to fix* = reparieren).
S. 101	**Punjabi farmers**	Bauern aus dem Pandschab, einer Region im Nordwesten Indiens; ein Beispiel für die Landflucht in Indien.
S. 101	**moron**	Trottel, Idiot.
S. 102	**Country-Mouse**	Die Fabel von der Feldmaus und der Stadtmaus stammt aus der europäischen Antike; sie wird bei Äsop und Horaz erzählt: Die Feldmaus kommt in die Stadt und hat keine Ahnung vom Leben dort. Die Stadtmaus hilft ihr, mit den Aufregungen und Ver-

		suchungen der Stadt umzugehen. Am Ende kehrt die Feldmaus aufs Land zurück. Übertragen also: Dorfdepp.
S. 103	**dengue**	Das Dengue-Fieber ist eine schwere grippeähnliche Krankheit.
S. 105	**garroted**	Erwürgt.
S. 106	**scam**	Betrügerischer Trick.
S. 107	**Buckingham … Windsor**	Namen, die nostalgisch die britische Kolonialvergangenheit in Erinnerung rufen.
S. 108	***pucca***	Hindi: anständig, richtig, ordentlich.
S. 108	**hanky-panky**	Mätzchen, fauler Trick.
S. 109	**Alsatian dogs**	Wörtl.: Elsässer, aus dem Elsass; hier: Deutscher Schäferhund.
S. 110	**cockroaches**	Kakerlaken.
S. 111	**fluffy ogre**	Flaumiges Ungeheuer, auch Menschenfresser.
S. 111	**chirruping**	Zwitschernd.
S. 112	**the Congress Party**	Mit kurzen Unterbrechungen die seit 1947 die Politik Indiens dominierende Partei. Vgl. Kapitel 2.2 zum zeitgeschichtlichen Hintergrund.
S. 112	**Sonia Gandhi**	Vgl. Kapitel 2.2 zum zeitgeschichtlichen Hintergrund.
S. 113	**scimitar**	Krummsäbel.
S. 113	**the Jantar Mantar**	Große mittelalterliche Sternwarte und Sonnenuhr.
S. 113	**the Qutub**	Die Ruinen der mittelalterlichen Moschee von Delhi.
S. 113	**Raisina Hill**	Das Regierungsviertel in Neu-Delhi.

S. 114	**a well-known statue …**	Das Denkmal "*Gyarah Murti*" (Elf Figuren) zeigt den Salzmarsch vom Frühjahr 1930, mit dem Gandhi gegen das britische Salzhandelsmonopol protestierte. Gandhi strebt voran, zehn weitere Menschen folgen ihm. Das Denkmal steht in der Nähe des Präsidentenpalastes.
S. 114	**Mahatma Gandhi**	Vgl. Kapitel 2.2 zum zeitgeschichtlichen Hintergrund.
S. 115	**calf**	Kalb.
S. 115	**cringed**	Duckte sich unterwürfig, oder auch: schreckte zurück.
S. 116	**rice gruel**	Reisschleim.
S. 118	**a *dosa***	Eigentlich eine Art Pfannkuchen, hier offensichtlich gerollt als Fast Food.
S. 119	**meter**	Kilometerzähler.
S. 119	***first-gear* types**	Da der erste Gang nur zum Anfahren benutzt wird, sind dies Leute, die vieles schnell beginnen, aber keine Ausdauer mitbringen.
S. 122	**din**	Lärm.
S. 122	**ginger tea**	Ingwer-Tee.
S. 123	**aniseed**	Anissamen.
S. 123	**groin**	Die Leistengegend, die männlichen Geschlechtsteile.
S. 123	**gums**	Zahnfleisch.
S. 125	**Ganja**	Marihuana.
S. 126	**That fellow has balls**	Vulgärsprachlich für: Der Junge hat Mut.
S. 126	***asana***	Eine Körperhaltung im Yoga.

S. 127	**toothpaste**	Die zerstörerischen Folgen des Betel-Kauens sind bereits deutlich geworden. Der Moment, als Balram das weiße T-Shirt und die Zahnpasta kauft, ist der Wendepunkt der Geschichte. Von nun an zeigt sich, dass er nicht länger bereit ist, sich dem Diktat der gesellschaftlich vorgegebenen Rollen zu beugen.
S. 127	**SHAKTI WHITENER**	Name der Zahnpasta.
S. 127	**CHARCOAL AND CLOVES**	Holzkohle und Gewürznelke.
S. 127	**PAISE**	Ein Hundertstel einer Rupie.
S. 127	**welt**	Rand oder (ironisch) Zierborte.
S. 129	**one-way phone**	Ein Telefon, auf dem nur Anrufe empfangen, aber nicht selbstständig getätigt werden können. Dieses Symbol für die Gefangenschaft der Chauffeure bereitet auf die Käfigsymbole in den nächsten Abschnitten vor.
S. 130	**a maharaja**	Indischer Königstitel.
S. 132	**O Lamb-that-was-born-from-the-loins-of-a-landlord**	„Oh Lamm, geboren aus den Lenden des Grundherrn." Die Friedfertigkeit des Lamms steht hier im Kontrast zur Welt der Grundherren.
S. 132	**T.G.I. Friday's**	Amerikanische Restaurantkette mit weltweit über 1000 Restaurants.
S. 133	**churn**	Hier: heftig rumoren, Übelkeit verursachen.
S. 133	**churned mud**	Aufgewühlter Schlamm.
S. 134	**anvils**	Ambosse.
S. 134	**Dubai**	Eines der Emirate der Vereinigten Arabischen Emirate; weltberühmt für seine Bauprojekte seit den späten 1990er-Jahren.

S. 134	**troughs**	Trögen.
S. 135	**nudged**	Stieß … an.
S. 136	**plaster-of-paris**	Gips.
S. 144	**being framed for a murder**	Dem ein Mord in die Schuhe geschoben wird.
S. 145	**behind bars**	Hinter Gittern.
S. 145	**had taken the fall**	Hatte die Schuld auf sich genommen.
S. 147	**the Rooster Coop**	Der Hühnerkäfig bzw. noch genauer: der Hahnenkäfig.
S. 147	**Jama Masjid**	Die alte Hauptmoschee von Delhi.
S. 147	**oleaginous**	Ölig, fettig.
S. 148	**the deliveryman**	In *Between the Assassinations* steht ein vergleichbarer Mann im Zentrum der 34 Seiten langen Geschichte *Umbrella Street*; ein Beispiel dafür, wie Adiga ältere Motive seines Schreibens in den Roman hat einfließen lassen.
S. 148	**a fat wad of cash**	Ein Bündel Geldscheine.
S. 148	**Goa**	Hafenstadt im Südwesten Indiens, ein beliebtes Reiseziel ausländischer Touristen.
S. 149	**Surat**	Mit über sechs Millionen Einwohnern die achtgrößte Stadt Indiens, im Nordwesten des Landes gelegen.
S. 149	**Mumbai**	1995 wurde Bombay in Mumbai umbenannt, als deutliches Signal, dass die Zeiten der britischen Kolonialherrschaft endgültig vorbei sind.
S. 149	**Never before in human history have so few owed so much to so many**	Ein Wortspiel, das in der englischsprachigen Welt sofort auffällt. Winston Churchill hatte nach dem Sieg der britischen Royal Air Force über die deutsche Luftwaffe in der Luftschlacht um England im Jahre 1940 erklärt: *"Never was so much owed by so*

		many to so few": „Niemals schuldeten so viele so wenigen so viel." Gemeint war, dass die ganze Bevölkerung Großbritanniens den wenigen Männern der Air Force ihre Freiheit verdankte. Adiga dreht den Sinn um.
S. 150	**pittance**	Kleine Summe Geld.
S. 150	**a social entrepreneur**	Ein Wortspiel: Ein ‚Sozialunternehmer' müsste eigentlich jemand sein, der einen Wandel in der Gesellschaft herbeiführen will, der allen zugute kommt. Balram ist aber auch jemand, der bereit ist, seine Familie zu opfern, um selbst nach oben zu kommen.
S. 151	**dingy**	Heruntergekommen, schäbig.
S. 151	**professional bugger**	Stricher, männl. Prostituierter.
S. 155	**were panting**	Keuchten, japsten.
S. 156	**cawed**	Krächzte.
S. 156	**spilled the beans**	Hat alles ausgeplaudert.
S. 156	**canines**	Eckzähne.
S. 157	**dregs**	Bodensatz.
S. 157	**time-honored**	Altehrwürdig.
S. 158	**slouched**	Nachlässig, latschig.
S. 158	**churned**	Revoltierte.
S. 158	**crap**	Scheißen.
S. 158	**gearbox**	Getriebe(gehäuse).
S. 159	**chariot**	Einachsiger Streitwagen.
S. 160	**cooed**	Gurrte.
S. 161	**a *daal* and *chapattis*, and a dish of okra**	Eine Linsensuppe, Fladenbrot und Okraschoten, ein Gemüse.

S. 163	**he chomped**	Er kaute.
S. 164	**scaffolding**	Baugerüst.
S. 164	**concrete rubble**	Betonbruchstücke.
S. 164	**ass**	Esel.
S. 164	**troughs**	Tröge.
S. 166	**a volley of thumps**	Einen Hagel von Schlägen, Püffen.
S. 167	**jeopardize**	Gefährden, aufs Spiel setzen.
S. 167	**debauchery**	Völlerei, Prasserei, Ausschweifung.
S. 167	**depravity**	Verderbtheit.
S. 168	**brinjals**	Auberginen.
S. 169	**rascal**	Lausbube.
S. 169	**sluts**	Schlampen.
S. 167	**gossipmongering, ammonia-releasing circle**	Klatschgeschichten herumerzählenden, Ammoniak freisetzenden (urinierenden) Kreis (von Leuten).
S. 171	**Jangpura**	Ein Stadtteil von Neu-Delhi (vgl. auch S. 185).
S. 173	**PVR Saket**	Eine Kinokette; Saket ist ein Stadtteil von Delhi, in dem PVR 1997 das erste Multiplex-Kino eröffnete.
S. 173	**a potato *vada***	Frittierte Kartoffelklöße.
S. 173	**a knife-grinder**	Ein Messer-, Scherenschleifer.
S. 174	**the mandala**	Heilige Bilder und Muster in Hinduismus und Buddhismus, die oft der Meditation dienen.
S. 174	**James Hadley Chase**	Britischer Autor von Gangsterromanen (1906–1985).
S. 174	**Kahlil Gibran**	Libanesisch-amerikanischer Maler, Philosoph und Dichter (geb. 1883 im Libanon, gest. 1931 in den USA).

S. 174	**Desmond Bagley**	Britischer Thriller-Autor (1923–1985).
S. 174	***The Joy of Sex***	1972 erstmals in den USA veröffentlichter Sexratgeber des Arztes Alex Comfort (1920–2000), der seither weltweite Verbreitung gefunden hat und bis heute immer wieder neu aufgelegt wird.
S. 175	**odd**	Doppelsinnig: ungerade, aber auch: sonderbare.
S. 176	**pri-va-see**	privacy, Privatsphäre.
S. 177	**Andhra Pradesh**	Bundesstaat im Südosten Indiens, Teil des sogenannten "*Red Corridor*", einem Rückzugsgebiet der Naxal-Terroristen.
S. 180	**a cut above me**	Eine Stufe besser als ich.
S. 180	**ruckus**	Krach, Aufregung.
S. 180	**perched**	Ließ sich … nieder.
S. 182	**a teetotaling one**	Eine abstinente, ohne Alkohol und sonstige Drogen lebende.
S. 183	**Ghaziabad**	Eine Industriestadt etwas östlich von Delhi.
S. 188	**IS EXCESS WEIGHT …?**	Eine reichlich zynische Werbung auf einer Fahrrad-Rikscha.
S. 188	**the mascot of the gym**	Das Maskottchen (die Werbefigur) des Fitnesscenters.
S. 189	**grime**	Dreck.
S. 189	**shards**	Scherben.
S. 189	**Technicolored**	In saftigen, kräftigen Farben.
S. 189	**rupee notes shining in his eyes**	Hinweis auf die Erwartung des Torwächters, für seine Verschwiegenheit bestochen zu werden.
S. 191	**paunchy**	Dickbäuchige, fette.
S. 191	**munching**	Mampfen.
S. 192	**pothole**	Schlagloch.

S. 193	**haunches**	Hintern.
S. 193	**like a locket**	Als Andenken ("*locket*" bedeutet „Medaillon").
S. 194	**sidebars**	Randnotizen.
S. 194	**siphon**	Abschöpfen, absaugen.
S. 194	**funnel**	Eine Art Leitung, ein Trichter, eine Röhre.
S. 195	**bootleggers**	Schwarzhändler.
S. 196	**to go back to the analogy ...**	Vgl. S. 54 des Romans.
S. 196	**rigged**	Manipuliert.
S. 197	**Qualis**	Ein in Europa nicht erhältlicher Toyota Minivan.
S. 197	**bow tie**	Fliege (Halsschmuck zum dunklen Anzug).
S. 198	**do it for all of us**	*Vitiligo-Lips* lässt hier Klassenbewusstsein erkennen: Er erkennt die symbolische Bedeutung von Balrams Wunsch nach einer blonden Prostituierten.
S. 198	**when it hit me**	Als mir mit einem Schlag deutlich wurde.
S. 200	**a dye job**	Gefärbt.
S. 204	**grease**	‚Schmieren', bestechen.
S. 205	**What cheek!**	Was für eine Frechheit!
S. 206	**thug**	Eigentlich ein Schläger, ein Kleinkrimineller. Balram gewinnt neue Einsichten.
S. 206	**belch**	Rülpser.
S. 207	**urchins**	Bengel.
S. 208	**prey**	Beute.
S. 209	**festered**	Gärte.
S. 210	**moldy**	Muffig, schal.

S. 211	**Benaras, Jammu, Amritsar, Ranchi**	Benaras ist eine Stadt im Nordosten des Landes (vgl. S. 12); **Jammu** und **Amritsar** liegen im äußersten Nordwesten des Landes, **Ranchi** ist eine Stadt in Jarkhand: Verschiedenste Richtungen stehen Balram für die Flucht offen.
S. 211	**stiff chit**	Streifen Pappe.
S. 211	**who remain all their lives children**	Gemeint ist: die es zulassen, dass befehlsgewohnte Herren wie die *landlords* über ihr Leben bestimmen und sie in Abhängigkeit halten; die niemals anfangen, selbst zu denken und eigenverantwortlich zu handeln.
S. 212	**to hoodwink**	Jemanden reinlegen, hinters Licht führen.
S. 213	**the dog was going crazy from pain**	Die Situation des Hundes lässt sich sinnbildlich auf die verzweifelte Lage Balrams beziehen: Kann er sich aus seiner Zwangslage befreien, ohne verrückt zu werden?
S. 213	**grilled**	Vergittert.
S. 213	**gaudy blue**	Quietschblau.
S. 214	**barred**	Vergittert.
S. 214	***parrots in a cage***	Die auffällige Häufung von Bildern des Eingesperrtseins in dieser Passage spiegelt Balrams Situation und Gefühle.
S. 214	**became frothier and frothier, hissing with outrage**	Schäumte immer stärker, zischend vor Wut.
S. 215	**midget**	Knirps, Zwerg.
S. 215	**pimps**	Zuhälter.
S. 215	**brine**	Meerwasser.
S. 215	**the Red Fort**	Die alte Festung aus dem 17. Jh. inmitten der Altstadt; eine der Hauptsehenswürdigkeiten der Stadt.

S. 216	**Urdu**	Eine häufig von Muslimen benutzte Schwestersprache zum Hindi der Hindus. Sprecher von Hindi und Urdu können einander verstehen, wenn sie sich auf grundlegende Aussagen beschränken; die Ausdifferenzierung beider Sprachen ist politisch begründet, wie etwa im Fall des Norwegischen und Dänischen oder des Serbischen und Kroatischen.
S. 217	**war of brains between the rich and the poor**	Dies ist der Kern der Geschichtsphilosophie von Karl Marx: „Die Geschichte aller bisherigen Gesellschaft ist die Geschichte von Klassenkämpfen." Das Zitat stammt aus dem ersten Kapitel des *Manifests der Kommunistischen Partei* (1848).
S. 218	**gust of buffalo**	Ein Windstoß mit Büffelgestank.
S. 218	**windshield wipers**	Scheibenwischer.
S. 221	**mutts**	Köter, Straßenhunde.
S. 222	**were defecating**	Erledigten ihren Stuhlgang.
S. 222	**tarpaulin**	Persenning, eine stabile Zeltplane.
S. 222	**stench of feces**	Gestank von Kot.
S. 223	**line of crappers**	Reihe von Scheißenden.
S. 223	**wrench**	Schraubenschlüssel.
S. 224	**vainglorious**	Aufgeblasen, prahlerisch.
S. 225	**precipice**	Abgrund, Klippe.
S. 226	**eight-times-table**	Das kleine Einmaleins mit der Zahl 8.
S. 227	**Dharam**	Der Name bedeutet Religion, Regel oder Gesetz: *Vitiligo-Lips* spielt auf die kleineren Betrügereien der Fahrer an; der Autor natürlich auf Balrams Mordpläne.
S. 227	**wavelet**	Kleine Welle.
S. 227	***beedis***	Indische Zigarettensorte.

S. 227	**snippets**	Schnipsel, kleine Brocken.
S. 227	**scum**	Abschaum.
S. 229	**I will put my foot down**	Ich werde ein Machtwort sprechen, werde meinen Willen durchsetzen.
S. 230	**severed heads**	Abgeschnittene Köpfe. Je mehr sich Balram mit dem Mord befasst, desto häufiger kommen Todessymbole vor.
S. 230	**the disfranchised**	Diejenigen Leute, denen gleichsam das Wahl- und das Bürgerrecht entzogen worden ist.
S. 231	**forgone conclusion**	Selbstläufer, ausgemachte Sache.
S. 232	**some boys**	Gemeint sind Schläger, deren Aufgabe es ist, Gegner effektiv einzuschüchtern.
S. 233	**Tamils ... Aryans**	Ausdruck rassistischer Vorurteile in Indien. In der Tat ist die im Süden ansässige Bevölkerung eher dunkelhäutiger als die im Norden. Der Begriff "Aryan" („arisch") bezieht sich ursprünglich auf die Bewohner Nordindiens.
S. 234	**jags**	Zacken.
S. 235	**cunning**	Gerissenheit.
S. 235	**lizard's tail**	Bei einer Reihe von Eidechsenarten kann tatsächlich bei Gefahr der Schwanz abfallen.
S. 236	**shag a sadhu**	Vögeln einen Hindu-Mönch.
S. 236	**ashrams**	Traditionelle Orte der Waldeinsamkeit für gläubige Hindus, heute oft Touristenziele.
S. 242	**wouldn't budge**	Rührte sich nicht von der Stelle.
S. 245	**the crawling thing**	Indem Balram den sterbenden Ashok entpersonalisiert, beginnt er schon während des Mordes, innerlich vor der Tat zu fliehen.
S. 246	**tuberculosis**	Hinweis auf den Tod des Vaters.

S. 246	**were coruscating**	Glänzten, blitzten auf.
S. 246	**dens**	Höhlen, Löcher (im Sinne von: unheilvoller Ort).
S. 249	**Wen!**	Betont freundschaftliche bzw. unangemessen vertrauliche Anrede für Wen Jiabao. Chinesische Namen beginnen mit dem Familiennamen.
S. 251	**stapled to**	Zusammengetackert mit.
S. 251	**Kashmir**	Eine zwischen China, Pakistan und Indien strittige Region am Himalaya.
S. 253	**tumbler**	Becher.
S. 254	**Calcutta**	Millionenstadt im Nordosten Indiens mit dem schlechten Ruf, ein Armenhaus des Landes zu sein. Dort würde niemand Balram vermuten.
S. 254	**gable**	Giebel.
S. 255	**real estate**	Immobiliengeschäft.
S. 255	**SUVs**	Geländewagen (Sport Utility Vehicles).
S. 256	**press your feet**	Ein Hinweis auf die Massagen, die Balram immer dem *Stork* geben musste.
S. 256	**canes**	Schlagstöcke.
S. 260	**samosas**	Gefüllte und dann frittierte Teigtaschen.
S. 260	**Alexander the Great. / Abraham Lincoln ... Mao ... Hitler**	Eine sonderbare Zusammenstellung: Alexander der Große hat keine Revolution angeführt. Abraham Lincoln hat die Sklavenbefreiung in den Südstaaten der USA 1863 bewirkt, was aber mit dem normalen Verständnis von Revolution nur wenig gemein hat. Mao hingegen war zwar Revolutionsführer, aber hat dafür nichts mit Sklavenbefreiung zu tun. Hitler würde niemand als Sklavenbefreier bezeichnen und als Revolutionär nur in sehr eingeschränktem Sinn.

S. 261	**emaciated**	Abgemagert.
S. 261	**puny**	Schwächlich, kümmerlich.
S. 261	**a decent belly**	Ein ordentlicher Bauch, Statussymbol der Reichen.
S. 263	**Mohammad Asif**	Dass Balram Muslime beschäftigt, könnte man als (unbewussten?) Akt der Wiedergutmachung deuten: Seinen Rivalen Ram Persad hatte er einst ausgeschaltet, indem er sich skrupellos die antimuslimischen Vorurteile seiner Arbeitgeber zunutze machte (vgl. S. 90 ff.). Jedenfalls scheint Balram entschlossen, anders als die Familie des *Stork* als Arbeitgeber religiöse Toleranz zu üben.
S. 264	**lubricated**	‚Schmieren'.
S. 264	**had fixed a rival**	Hatte einen Konkurrenten erledigt.
S. 264	**F.I.R.**	First Information Report, der erste Bericht über eine Straftat.
S. 269	**I am in the Light now.**	Erneut greift Balram auf die Metapher vom Licht zurück, um zu zeigen, dass er inzwischen besser lebt als die *landlords* zu Hause.
S. 272	**his long division on clean white paper at the dinner table**	Dharam kann schriftlich dividieren, er benutzt dafür sauberes weißes Papier und in Balrams Wohnung steht ein Esstisch. Die Aufzählung zeigt, wie sehr sich Balrams Lebensstandard am Ende des Romans von dem seiner Kindheit und Jugend und dem von Millionen seiner Landsleute unterscheidet.
S. 272	**a great leap forward –**	Mao Tse Tung hatte in den 1960er-Jahren zum „großen Sprung nach vorn" aufgerufen, um China zu modernisieren. Wen Jiabao wird die Anspielung verstehen.

S. 272	**in Sino-Indian relations**	In den chinesisch-indischen Beziehungen.
S. 272	***Hindi-Chini Bhai Bhai***	Ministerpräsident Nehru hatte 1954 erklärt: *Hindi-Chini bhai-bhai* – „Inder und Chinesen sind Brüder"; ein früher, letztlich gescheiterter Versuch der Anknüpfung einer Partnerschaft zwischen beiden Ländern.
S. 272	**steadfast**	Standhaft, unerschütterlich, treu.
S. 275	**holler**	Brüllen.
S. 275	***I've given myself away***	Ich habe mich verraten.
S. 276	**the hangman's noose**	Der Galgen (wörtlich: die Schlinge des Henkers).

3.6 Stil und Sprache

ZUSAMMEN-FASSUNG

- → Kaum einer der im Roman auftretenden Figuren spricht Englisch: Die reale Sprache des Romans ist ein Hilfsmittel.
- → Der Text wird in der Erzählfiktion gesprochen, es dominieren also einfache Sätze und klare Ausdrücke.
- → Licht und Schatten werden als Metaphern für Reichtum und Armut verwendet.
- → Symbole für Tod und Gefangenschaft vertiefen diese beiden Aspekte.
- → Der Humor im Roman lenkt bewusst von den Geständnissen des Mörders Balram ab.

Der Roman ist in Englisch geschrieben worden, obwohl weder der Erzähler noch der Adressat Wen Jiabao Englisch sprechen (vgl. S. 1). Damit ist das Englisch des Romans innerhalb der Erzählfiktion nur ein Hilfsmittel. Balrams Muttersprache wird nicht genannt.

Viele Dialoge müssen in den verschiedenen indischen Sprachen gedacht werden

In Indien ist Englisch die Sprache der höheren Bildung und der landesweiten Kommunikation gebildeter Schichten. Im Roman sprechen nur wenige Menschen Englisch, so etwa Pinky, Ashok, Uma und Mukesh, wenn sie nicht wollen, dass Balram sie versteht. Alle anderen Dialoge müssen in den verschiedenen indischen Sprachen gedacht werden, zum Teil mit einem Übersetzer wie auf der Polizeistation in Bangalore (vgl. S. 257). Nur das Fahndungsplakat (vgl. S. 10 f., 15, 19, 27 und 33) liefert ein Beispiel für indisches Schriftenglisch. Somit sind die Eigenheiten des Englischen, das in Indien gesprochen wird, für den Roman nicht von Bedeutung. Dies gilt besonders, wenn man auch die Ausbildung des Autors in Australien und den USA in Betracht zieht.

Mündlicher Stil

Balram diktiert (vgl. S. 3) seinen Text als eine Folge von Briefen an einen nicht anwesenden Adressaten, wobei unerwähnt bleibt, wie das Gesprochene gespeichert wird. Der Erzähler Balram hat kaum formale Bildung genossen und ist im Leben weitgehend ohne den Gebrauch der Schriftsprache ausgekommen. Diese Erzählhaltung und der persönliche Hintergrund Balrams geben einen Rahmen für die Wortwahl und den Satzbau seiner Erzählung vor.

Kurz, knapp, deutlich und prägnant

Der Stil und die Sprache des Romans sind kurz, knapp, deutlich und prägnant. Der Erzähler Balram verliert sich nicht in langen Sätzen oder detailreichen Beschreibungen, er erzählt die Geschichte, in flüssigen Satzfolgen sprechend. Die Hauptsätze sind prägnant, die Nebensätze kurz. Das Vokabular ist einfach und überschaubar, oft umgangssprachlich und manchmal auch vulgär. Auch die Dialoge sind einer gesprochenen Sprache angemessen formuliert. Zwischendurch wird die Erzählung immer wieder von Passagen unterbrochen, in denen Balram Wen Jiabao direkt anredet. Sie unterstreichen den mündlichen Charakter des Berichts.

Sprache eines halbgebildeten Aufsteigers

Die Erzählhaltung verlangt nach einer Sprache, die der gesprochenen Alltagssprache gleicht. Gehobenere literarische Formen und Stilmittel finden sich daher eher selten: Die Lichtsymbolik – hier vor allem die Spannung zwischen der *"darkness"*, aus der der Erzähler kommt, und den Kronleuchtern, die seine Wohnung und sein Büro in Bangalore zum Strahlen bringen – und die vielen Verweise auf das Eingesperrtsein bilden neben wenigen Todessymbolen kurz vor dem Mord die Leitmotive des Romans.

Komische Passagen

Eingestreut hat der Autor auch komische Passagen, die ihren Humor jedoch meist aus der Absurdität der Situation und nicht aus Wortspielen beziehen. Mit diesen Passagen wird die deprimierende Traurigkeit von Balrams Leben gebrochen. Innerhalb der Erzählung verwendet Balram die komischen Passagen auch, um Distanz zu seiner eigenen Geschichte aufzubauen und zu vermeiden, dass sein Bericht den Charakter eines Geständnisses annimmt; schließlich ist er ein Mörder, der seine Tat gesteht. Doch durch den Tonfall seiner Geschichte gelingt es Balram, diesen Aspekt der Erzählung immer wieder in den Hintergrund treten zu lassen.

3.7 Interpretationsansätze

ZUSAMMENFASSUNG

- → Balrams Erfolgsgeschichte ähnelt dem *American Dream*, wobei in Amerika das Ideal der eigenen Arbeit und nicht ein Verbrechen den Anfang macht.
- → Der Roman arbeitet die Verbindungen und Widersprüche der globalisierten Welt auf – in Form und Inhalt ebenso wie in der Biografie des Autors. Er präsentiert eine selbstbewusste „Dritte Welt", die sich vom „Westen" absetzten will.
- → In der Tradition von Charles Dickens erzählt Adiga von den Klassengegensätzen inmitten einer Industrialisierung, vom Leben der kleinen Leute inmitten eines großen gesellschaftlichen Wandels. Sozialkritische Literatur dient von Dickens bis heute dazu, den Finger in die Wunde zu legen und die nötigen Verbesserungen zu beschleunigen.
- → Balrams erfolgreiche Selbstbefreiung scheint ein Vorbild zu sein: Doch er hat nur die Seite gewechselt, sein Handeln ist kein Aufruf zu einer allgemeinen Veränderung. Balram ist jetzt selbst Herr in einer Welt, in der es weiter Herren und Diener geben wird.

The White Tiger und der *American Dream*

‚The White Tiger' ist die Geschichte eines sozialen Aufstiegs. Das Konzept des ‚American Dream' verbindet die Idee des Aufstiegs mit den Ideen von Selbstverwirklichung und persönlicher Freiheit. Balram ermordet seinen Arbeitgeber, um ein freier Mensch zu werden.

Ein Verbrechen zu begehen, um nach oben zu kommen, widerspricht jedoch der Idee des ‚American Dream'.

The White Tiger ist eine Aufsteigergeschichte, die Geschichte einer Befreiung und Selbstverwirklichung. Ist der Roman auch eine indische Variante des *American Dream*?

„Vom Tellerwäscher zum Millionär"

Der Mythos des *American Dream* ist die klassische "**rags-to-riches-story**": „Vom Tellerwäscher zum Millionär". Dieser Mythos gründet auf der Überzeugung, dass jedermann mit Willenskraft und harter Arbeit zum Erfolg kommen, reich werden, sein Glück finden kann. In diesem Mythos verbindet sich der Lobpreis von Freiheit, Selbstverantwortung und Selbstverwirklichung zu einer großen Erzählung von der sozialen Durchlässigkeit der US-amerikanischen Gesellschaft.

Sozialer Aufstieg für Balram in Indien nur um den Preis einer Gewalttat möglich

Balram aber muss sein Glück unter den Bedingungen seines Heimatlandes Indien suchen. Sein Aufstieg scheint, so legt es die Romanhandlung nahe, nur um den Preis einer Gewalttat möglich. Diese Ausweglosigkeit macht die bittere Grundhaltung des Romans aus. Balram sieht für sich selbst keine Wahl: "*This city [Bangalore] has its share of thugs and politicians. It's just that here, if a man wants to be good, he can be good. In Laxmangarh, he doesn't even have this choice. That is the difference between this India and that India: the choice.*" (S. 262) Erfolg ohne Schuld ist das Ideal des *American Dream.* So sieht die Freiheit aus, nach der Balram sich sehnt – auch wenn er sich über die USA und die dort kursierenden Erfolgsrezepte geringschätzig äußert (vgl. S. 4). Einem Roman, in dem Balram allein durch harte, ehrliche Arbeit seine Unabhängigkeit erreichen würde, läge aber notwendig eine völlig andere – und nach der Überzeugung des Autors offenbar unehrliche, verklärende – Sicht auf die indische Gegenwart zugrunde.

Globalisierte Literatur – Globalisierungsliteratur

Der Roman von Adiga ist Teil einer globalen englischsprachigen Literatur. Er greift Themen der Globalisierung – wie etwa das ‚Outsourcing' – auf. Balram ist davon überzeugt, dass Inder und Chinesen gemeinsam den bislang wirtschaftlich noch dominierenden Westen überholen werden. Die USA, als Exponent der westlichen Welt, erscheinen im Roman als oberflächlich und materialistisch (und damit reif für den kommenden Niedergang).

"Neither you nor I speak English, but there are some things that can be said only in English", lautet der erste vollständige Satz des Romans (S. 1). Der Roman ist in Englisch, der Sprache der ehemaligen Kolonialherren, verfasst. Das Werk erschien zuerst in einem amerikanischen Verlag und wurde mit einem britischen Literaturpreis ausgezeichnet. Sein Autor hat seine Ausbildung in Australien, Harvard und Oxford erhalten und schreibt über das Leben eines armen Mannes aus dem ländlichen Indien.

Einflüsse des Vaterlands mit westlichen Prägungen

Aravind Adiga oder auch Arundhati Roy (*The God of small things*, 1997) gehören zu einer neuen Generation von Autoren aus der Dritten Welt, die Englisch als globale Sprache nutzen, ohne dass es ihre Muttersprache ist. Ähnlich wie etwa bei Salman Rushdie, Kazuo Ishiguro, V. S. Naipaul, Jhumpa Lahiri, Kiran Desai, Amitav Ghosh oder Vikas Swarup vermischen sich auch in Adigas Leben Einflüsse des Vaterlands mit westlichen Prägungen. Angesichts der Ausbildung Adigas an renommierten Universitäten der westlichen Welt sollte man sich demnach davor hüten, Balrams Leben mit dem Adigas zu vergleichen oder Adiga gar für einen Repräsentanten der Dritten Welt zu halten, wie es in Reaktionen auf den Roman immer wieder geschehen ist.

Angemessener ist es, sein Werk in die globalen Bezüge des beginnenden 21. Jahrhunderts einzuordnen. Neben den USA zeichnen

Indien und China als zukünftig dominierende Wirtschaftsmächte

sich dabei immer stärker Indien und China als die zukünftig dominierenden Wirtschaftsmächte ab (vgl. S. 262). Aus einer solchen in die Zukunft gerichteten Perspektive tritt Europa in den Hintergrund. Mit Großbritannien als ehemaliger Kolonialmacht und der Ukraine als Heimat der blonden Studentin, die als Prostituierte arbeitet, werden überhaupt nur zwei europäische Länder im Roman erwähnt.

Indien erscheint als in krasser Weise zweigeteilt: hier die Unterschichten, die Landbevölkerung, dort die internationale Kontakte pflegenden Oberschichten; hier kleine Dorfläden, die nur Reis und Benzin verkaufen, dort Super-Malls; hier Krankenhäuser ohne Einrichtung, dort *Software-Outsourcing* und Call-Center; hier Menschen, die ihren Kindern keine Namen geben und nicht einmal ihren Geburtstag vermerken; dort Familien, die ihre Söhne zum Studieren nach Amerika schicken.

Gegensätze in Indien und zwischen Indien und China

So wird Indien als **Land der Gegensätze** beschrieben. Diese werden wirkungsvoll zugespitzt, wenn beispielsweise der *Great Socialist* im Wahlkampf verkündet: *"There is no water in our taps, and what do you people in Delhi give us? You give us cell phones. Can a man drink a phone when he is thirsty?"* (S. 230) Es ist derselbe Politiker, der an anderer Stelle sagt: "*We need more boys to come back and build India into a superpower.*" (S. 87)

Dieser Hinweis auf das Streben, Supermacht zu werden, bezieht sich auf China. "*We will never catch up with China*", klagt Ashok im Gespräch mit seinem Vater (S. 241, vgl. auch S. 116 und 132). Auch Balram vergleicht wiederholt die beiden Länder miteinander, wenn er sich an den Adressaten seines Berichts, den chinesischen Premierminister Wen Jiabao, wendet. Im Roman bildet somit **China ein Gegenbild zum chaotischen (aber kreativeren) Indien**: Balram merkt ironisch an, China habe zwar keine Demokratie (vgl. S. 78), wohl aber Abwasserentsorgung, Trinkwasser und olympische Goldmedaillen (vgl. S. 79). China habe so vieles, was Indien nicht habe, nur eben keine Demokratie und keine Unternehmer (vgl. S. 2). Tatsächlich wäre Chinas wirtschaftliche Entwicklung ohne unternehmerisch denkende Menschen nicht möglich; aber das überblickt Balram in seiner Halbbildung nicht. Er hält an dem stereotypen Bild einer Diktatur fest, in der alles von oben vorgegeben wird.

Verständlicherweise weiß Balram weniger über China als seine Arbeitgeber, deren Reichtum aus dem illegalen Verkauf von Kohle aus den Kohlegruben von Dhanbad nach China kommt (vgl. S. 60 und 182). Er macht jedoch immer wieder deutlich, dass er gerne erfahren würde, wie es in China wirklich aussieht (vgl. S. 16, 23 und 149).

Balram prophezeit den Niedergang des Westens

Balram ist überzeugt, dass China und Indien, dem gelben und dem braunen Mann, die Zukunft gehöre. *"Don't waste your money on those American books [Ratgebern, wie man ein erfolgreicher Unternehmer wird]. They're so* yesterday", urteilt Balram und leitet damit seinen Abgesang auf den Westen ein (S. 4). Der weiße Mann habe durch Drogenkonsum, Mobiltelefone und widernatürlichen Geschlechtsverkehr abgewirtschaftet (vgl. S. 4 und 262). Andererseits kommen die High-Tech-Jobs nach wie vor aus den USA und selbst ukrainische Prostituierte blondieren sich die Haare, um wie amerikanische Filmschauspielerinnen auszusehen. Die **USA** bietet damit das **Modell des Westens in all seiner Widersprüchlichkeit**. Die USA sind schamlos und offen, nett und freundlich, aber hohl und oberflächlich. Sie sind ein reiches Land, in dem sich aber ein Paar wie Ashok und Pinky Madam keine Diener leisten kann (vgl. S. 77); dass das möglicherweise kein Argument gegen, sondern viel eher ein Argument *für* das Modell der amerikanischen Gesellschaft ist, wird zumindest Ashok nicht bewusst. So stehen in Adigas Roman oft nur sehr unzureichend reflektierte Positionen nebeneinander. Der

Leser ist dann, wie in jedem guten Roman, dazu aufgefordert, die Gebundenheit einzelner Aussagen an den beschränkten Horizont oder die bornierte Haltung der Figuren zu erkennen, die die jeweilige Position vertreten. Auf diese Weise vermeidet der Autor die Gefahr, dass sein politisch engagierter Roman zu einem Leitartikel verkommt.

Outsourcing

Die **gegenwärtig noch beherrschende Stellung**, aber auch den **prognostizierten künftigen Niedergang** der USA als Wirtschaftsmacht symbolisieren die im Roman erwähnten *Outsourcing*-Geschäfte der großen amerikanischen Unternehmen wie Microsoft und American Express (vgl. S. 101). Die USA erscheinen als ein übersättigtes Land, das große Teile seiner langweiligen, postindustriellen Arbeit in die armen Regionen der Welt auslagert. Diese Verlagerung lässt sich auf der einen Seite als neue Form der Kolonialisierung, ja beinahe der Sklaverei anprangern (den indischen Call-Center-Arbeitnehmern wird ein auf den Kopf gestellter Alltag aufgezwungen: sie arbeiten nachts und schlafen am Tag). Andererseits bringen die so entstehenden Jobs in Rechenzentren, in der Softwareentwicklung oder in Call-Centern tatsächlich Geld und *Hightech* in bis dahin rückständige Gegenden. Auch Balram selbst ist mit seinem Taxiunternehmen ein direkter Nutznießer dieser globalisierten Arbeitswelt.

In Adigas Roman richten sich die Augen der indischen Mittelklasse auf die USA: Ashok war dort; der Polizist in Bangalore, den Balram schmieren muss, hat beide Kinder zum Studieren in die USA geschickt (vgl. S. 266). Die Inder erscheinen jedoch nicht als unkritische Bewunderer der USA. Sie wollen nicht ihren Lebensstil übernehmen. Vielmehr wollen sie über kurz oder lang an den USA vorbeiziehen.

Der Roman zeigt, wie die globale Kultur und die globale Wirtschaft Auswirkungen bis in die Slums Indiens haben. Adiga fordert den Leser heraus, weil er mit unseren Erwartungen an Literatur aus der Dritten Welt spielt. Seine Dritte Welt gibt sich selbstbewusst und verharrt nicht in der Opferrolle.

Charles Dickens

Aravind Adiga steht in einer Tradition gesellschaftlich engagierter Literatur, die ihre Stimme gegen soziale Missstände erhebt. Der Roman ‚Great Expectations' von Charles Dickens, dem wichtigsten englischen Romancier des 19. Jahrhunderts, lässt sich in diesem Zusammenhang vergleichend heranziehen.

In der Mitte des 19. Jahrhunderts, auf dem Höhepunkt der Industrialisierung, erlebte Großbritannien seinen gewaltigen wirtschaftlichen Aufschwung. Dies geschah auf dem Rücken eines armen städtischen Industrieproletariats: Die Industriearbeiter in der Metall- und Textilindustrie, in den Bergwerken, Werften und bei der Eisenbahn schufen einen Wohlstand, den lange Zeit nur andere genießen konnten. Charles Dickens (1812–1870) lebte inmitten dieser industriellen Revolution, und seine Romane sind Zeugnisse des Leids der kleinen Leute jener Zeit: Waisenkinder wie Oliver Twist etwa, Industriearbeiter in *Hard Times* (1853) oder kleine Angestellte in *A Christmas Carol* (1843). In *Great Expectations* (1860/61), einem der berühmtesten Romane von Dickens, tritt das einstige Waisenkind Pip als Erzähler auf und berichtet rückblickend über sein Leben. Die Handlung beginnt mit einer Episode, in der der Junge dem entflohenen Sträfling Abel Magwitch beisteht, der gleichwohl schnell wieder gefasst wird. Magwitch wird nach Australien deportiert und erwirbt dort ein großes Vermögen. Als anonymer Wohltäter sorgt er dafür, dass Pip eine vornehme Erziehung erhält und das Leben eines Gentlemans leben kann. Nach England zurückgekehrt, wird Magwitch erneut von der Polizei verfolgt und stirbt im Beisein Pips

Industrielle Revolution

Great Expectations (1860/61)

im Gefängnis. Sein Vermögen fällt an den Staat, sodass Pip wieder arm ist wie zuvor; und erst nun, als er selbst ins Ausland geht und dort aus eigener Kraft zu Wohlstand gelangt, wenden sich auch Pips sonstige Verhältnisse zum Guten.

Schicksal Magwitchs

Der gesellschaftskritische Akzent des Romans liegt vor allem auf dem Schicksal Magwitchs. Dieser war zu dem Verbrechen, für das er verurteilt worden ist, durch seinen Herrn verführt worden, der seinerseits nur eine geringe Strafe erhalten hat. Durch diese Erfahrung davon überzeugt, dass man nur als "Gentleman" ein unbehelligtes Leben führen kann, versucht er, Pip eine solche begünstigte Existenz zu verschaffen. Jedoch verführen die ihm zufließenden anonymen Wohltaten den Jungen in erster Linie zu den fatalen *"Great Expectations"*, die für lange Zeit wie ein dunkler Schatten auf seiner Existenz liegen. Erst als er sein Leben aus eigener Kraft meistern muss, wachsen ihm die Kräfte zu, die sein Leben gelingen lassen.

Parallelen

Diese kurze Zusammenfassung zeigt, dass sich zwischen dem Aussagegehalt beider Romane manche Parallele ziehen lässt: Hier wie dort handelt es sich um eine Aufsteigergeschichte vor dem Hintergrund einer von starken Klassengegensätzen geprägten (und für staatliche Korruption anfälligen) Gesellschaft im Umbruch. Hier wie dort müssen Diener für das büßen, was ihre Herren verbrochen haben. Hier wie dort lautet die Lehre, dass man sein Schicksal in die eigene Hand nehmen muss. Dickens' großer Erfolg als Autor sorgte mit dafür, dass die englische Gesellschaft sich mit der sozialen Ungerechtigkeit im eigenen Land auseinandersetzte und letztlich Wege fand, die Situation der Arbeiterschaft zu verbessern. Aravind Adiga stellt sich mit seinem Roman, wie er selbst in Interviews geäußert hat, bewusst in diese Tradition eines gesellschaftlich engagierten Schreibens.

Die Geschichte einer Selbstbefreiung

Balram befreit sich selbst aus dem Käfig, keiner kann und will ihm helfen. Die Schilderung seines erfolgreichen Ausbruchs aus der Unfreiheit hat appellativen Charakter: Sie enthält implizit die Aufforderung, es ihm nachzutun. Der Erzähler verbindet sie aber nicht mit der Forderung nach einer allgemeinen sozialen Revolution. Der Käfig steht am Ende noch, nur Balram ist draußen: Er hat die Seite gewechselt.

Fremdbestimmung

Wie viele Menschen seines Standes lebt Balrams zunächst ein fremdbestimmtes Leben. Aber nicht nur seine Großmutter, der Besitzer des *tea shops* und später die Familie des *Stork* machen ihm das Leben schwer. Auch andere Menschen seiner Schicht, andere Untergebene, haben ihren Anteil daran, indem sie einander gegenseitig kontrollieren. Das besondere Vertrauen ihres Herrn zu genießen, wird für diese Menschen zum Ziel ihrer Existenz. Die Möglichkeit, ihre Unfreiheit ganz abzuschütteln, übersteigt ihre Vorstellungskraft.

Die Lage der unterprivilegierten Bevölkerungsschichten in Indien erklärt Balram mit dem Bild des "*Rooster Coop*" (S. 147), dem **Hahnenkäfig**, das bis zum Ende die im Roman vorgetragenen Überlegungen zum Verhältnis zwischen Oberschicht und Unterschicht trägt. Warum brechen die Armen Indiens nicht aus diesem Käfig aus?

Balram gibt auf diese Frage eine eindeutige Antwort: "*The answer […] is that only a man who is prepared to see his family destroyed – hunted, beaten, and burned alive by the masters – can break out of the coop. That would take no normal being, but a freak, a pervert of nature.*" (S. 150) Und er fügt, direkt an seinen Adressaten gewendet, hinzu: "*It would, in fact, take a White Tiger. You are listening to the story of a social entrepreneur, sir.*" (S. 150)

Parallele zwischen dem weißen Tiger im Zoo und Balrams Existenz

Dass die Familien der Angestellten von deren Herren gewissermaßen in Geiselhaft genommen werden, um sich der bedingungslosen Loyalität der Untergebenen zu versichern, wird im Roman an mehreren Stellen deutlich (vgl. etwa S. 56 und 144) oder auch indirekt angesprochen. Indem Balram die unsichtbaren Fesseln, die ihn im Hühnerkäfig halten, abwirft, nimmt er entsprechend den Untergang seiner Familie in Kauf. Der weiße Tiger, *"the rarest of animals – the creature that comes along only once in a generation"* (S. 30), wird so zum Symbol für Balrams Geschichte.

Die Erläuterung des Bilds vom Hühnerkäfig ist aber nur eine von mehreren Stellen im Roman, an denen das **Gefühl des Eingesperrtseins** evoziert wird: Auf einem Zooschild steht der Satz *"Imagine yourself in the cage"*; und Balrams denkt, indem er das Schild liest, sofort an seine eigene Unfreiheit und an mögliche Wege, die aus dieser Unfreiheit herausführen: *"I can do that – I can do that with no trouble at all."* (S. 150) Angesichts der eingesperrten Prostituierten empfindet er Mitleid (vgl. S. 214); und der weiße Tiger im Zoo, mit dem er sich unwillkürlich identifiziert, kann seiner Überzeugung nach das Leben im Käfig nur durch Selbsthypnose ertragen (vgl. S. 237).

Kleine Emanzipationsakte

Die Selbstbefreiung Balrams beginnt zunächst mit kleinen Emanzipationsakten. Verführt von den Verlockungen der Großstadt, schickt er sein Geld nicht mehr nach Hause, sondern kauft sich Alkohol (vgl. S. 123) und beginnt, wenn er allein im Auto sitzt, die Musik laut aufzudrehen und die Klimaanlage zu benutzen (vgl. S. 178). Solche kleinen Freiheiten nehmen sich aber auch andere Fahrer heraus.

Ausbruch aus dem Käfig

Seit seinem Besuch in einem Bordell am Abend nach seiner Fahrprüfung verbindet sich für Balram käuflicher Sex mit dem Gefühl, ein freier Mann zu sei. Als er einsehen muss, dass die blonde Prostituierte Anastasia lediglich gefärbte Haare hat, empfindet er das als Demütigung und sinnt auf Rache (vgl. S. 200). Er hat genug davon, sich immer mit dem Unvollkommenen begnügen zu müssen. Es ist dieses Rachebedürfnis, das Mr. Ashok am Ende das Leben kostet. Am Schluss des Romans konstatiert Balram triumphierend: *"I've made it! I've broken out of the coop!"* (S. 275)

Preis für Balrams Triumph: ein Mord

Der Preis für diesen Triumph ist ein Mord und vermutlich die Auslöschung seiner Familie. Doch eine Alternative glaubt Balram nicht zu haben. Ohne sein Verbrechen würde er es im *"best-case scenario"* zu einem *"house in a slum"* gebracht haben (S. 171).

Befreiung nur als Selbstbefreiung

Revolutionär ist Balrams Verbrechen insofern, als es ausdrücklich dem Zweck dient, Herren zu beseitigen und aus bisherigen Dienern zukünftige Herren zu machen. Balram spricht das offen aus: *"I think the Rooster Coop needs people like me to break out of it. It needs masters like Mr. Ashok – who, for all his numerous virtues, was not much of a master – to be weeded out, and exceptional servants like me to replace them."* (S. 275) Jedoch geht es Balram, wie das Zitat ebenfalls zeigt, nicht darum, eine allgemeine Revolte der Diener gegen ihre Herren anzuzetteln. Es geht ihm um sein eigenes Leben. Nur außergewöhnlich befähigte und entschlossene Diener, wie er selbst einer ist, haben aus seiner Sicht das Recht, sich an die Stelle ihrer Herren zu setzen. Dass dabei das korrupte System, unter dem er zuvor gelitten hat, sogar noch weiter stabilisiert wird – starke, durchsetzungsfähige und skrupellose ehemalige Diener treten an die Stelle schwacher, in ihrer sozialen Rolle verunsicherter Herren –, nimmt Balram bedenkenlos in Kauf. Er revolutioniert nicht das System, sondern rückt gleichsam in die Stelle ein, die durch den Mord an seinem Herrn freigeworden ist (auch wenn er als Unternehmer und Herr manches anders und besser macht als sein eigener ehemaliger Herr, wie sein Umgang mit dem Unfall mit Todesfolge zeigt). Diese Nachfolge wird symbolisch betont, wenn auch Balram am Ende die Polizei besticht und sogar Ashoks Na-

Balram übernimmt Ashoks Platz in der Gesellschaft

men annimmt. Befreiung bedeutet für ihn lediglich Seitenwechsel: *"I have switched sides: I am now one of those who cannot be caught in India."* (S. 275) Er steht nun außerhalb des Käfigs. Der Käfig ist aber weiterhin intakt. Eine indische Revolution, eine grundlegende Änderung der gesellschaftlichen Abhängigkeitsverhältnisse, wird ausbleiben (vgl. S. 261), solange Befreiung auch zukünftig lediglich als Selbstbefreiung verstanden wird.

4. REZEPTIONSGESCHICHTE

ZUSAMMEN-FASSUNG

- → Nach Erscheinen 2008 wurde der Roman ein internationaler Erfolg.
- → Die westliche Reaktion ist zumeist positiv, die indische hingegen ist gespalten.

Ein Buch, das erst kurze Zeit auf dem Markt ist, kann noch keine umfangreiche Rezeptionsgeschichte aufweisen. Immerhin hat *The White Tiger* aber bereits, ungewöhnlich genug für ein Erstlingswerk, einen großen Literaturpreis gewonnen: Nur wenige Monate nach Erscheinen des Romans im Frühjahr 2008 wurde er im Oktober 2008 mit dem renommierten Man Booker Prize ausgezeichnet (vgl. *www.themanbookerprize.com*).

Der Man Booker Prize

Das Preiskomitee erklärte in seiner Begründung, das Buch habe in gleichem Umfang schockiert und unterhalten. Der Roman, ein "*angry book*", wecke und erhalte die Sympathien des Lesers für einen ausgemachten Bösewicht, was eine ziemlich schwierige Sache sei. Das Buch gewinne den Leser durch seine erstaunlich humorvolle Behandlung dringender sozialer Probleme und bedeutender globaler Entwicklungen. Es präsentiere auf originelle Weise eine bis heute wenig bekannte Seite Indiens.

Reaktionen der Literaturkritik

Auch in den Rezensionen der internationalen Presse herrschte weitgehend Einigkeit über die besondere Qualität des Buchs: Balram sei eine überzeugend herausgearbeitete Figur, die in ihrer Geschlossenheit erstaunlich für einen Erstlingsroman sei. Die Geschichte sei schwungvoll erzählt, die Handlung konzentriert. Die Erzählperspektive wird überwiegend als interessant und spannend beschrieben. Zeitlos seien die im Roman behandelten Themen: Ungleichheit, Ungerechtigkeit, Macht und Ohnmacht, Erwachsenwerden und Selbsterfüllung. Nur wenige Besprechungen kritisierten das Buch als einen mühsam als Roman getarnten politischen Aufruf.

Reaktionen in Indien

Anders fielen die Reaktionen in Indien selbst aus. Zwar ist der Roman auch dort ein Verkaufserfolg; aber viele Inder werfen Adiga vor, massiv übertrieben und das Land beschmutzt zu haben. Er selbst sei aufgrund seiner Biographie ein halber Ausländer, der mit dem kritischen Blick des Fremden über ein Indien schreibe, von dem er keine Ahnung habe. Aravind Adiga hat diese Vorwürfe mit dem Hinweis erwidert, die feindlichen Reaktionen von Teilen der indischen Mittel- und Oberschicht auf seinen Roman bewiesen letztlich nur die Notwendigkeit des Buchs.[4]

Andere Inder lobten den Roman hingegen als scharfe Gesellschaftssatire mit realistischem Hintergrund, als ein engagiertes Porträt des gegenwärtigen Indien mit all seinen Problemen und Verwerfungen. Balram sei ein überzeugender Erzähler dieser Geschichte über ein Land im Umbruch.

---

4 http://fictionwritersreview.com/interviews/interiew-with-aravind-adiga-the-white-tiger (Stand: April 2012)

5. MATERIALIEN

Hinduismus

Der Hinduismus ist die wichtigste Religion in Indien. Im Gegensatz zu Islam und Christentum liegt dem Hinduismus kein Heiliges Buch zugrunde. Die im Roman erwähnten **Veden** (vgl. S. 12) und das **Bhagavad Gita** (vgl. S. 159) sind teils in sich widersprüchliche Sammlungen von Gedichten, Legenden und religiösen Meditationen, offen für vielfältige Auslegungen. Der Hinduismus kennt nicht den einen Gott und dessen irdischen Vertreter oder Propheten. Die Gottesvorstellungen sind fließend und nur begrenzt in christliche oder muslimische Begriffe zu kleiden, sie ähneln oberflächlich betrachtet eher der griechisch-römischen Mythologie. Auch kann kaum von einer organisierten Kirche gesprochen werden. Die Religiosität manifestiert sich zum Beispiel im Tempelbesuch (vgl. S. 154,160 und 269), wo oft einfache kurze Rituale ausgeführt werden (vgl. S. 77); das theologische Konzept des Hinduismus, die Befreiung der Seele aus dem ewigen Kreislauf der Wiedergeburten, bleibt im religiösen Alltag im Hintergrund.

Grundsätzliche Unterschiede zu Weltreligionen wie Christentum oder Islam

Wenn Balram sagt *"we Hindus have 36,000,000 gods"* (S. 6), dann bezieht er sich auf den Umstand, dass im Hinduismus Gottesvorstellungen in einer Vielzahl von Manifestationen auftreten, die teils Menschen-, teils Tiergestalt aufweisen und teils die weibliche, teils die männliche Seite eines Gottes verkörpern. Darüber hinaus kennt der Hinduismus Halbgötter, engelartige Figuren und Geister. Persönliche und unpersönliche Manifestationen Gottes stehen so nebeneinander.

Die Göttin **Lakshmi** (S. 6) sorgt für Wohlstand und Glück (vgl. S. 110 f.). Sie findet, als kleine Statue, ebenso selbstverständlich im Honda City von Balrams Arbeitgebern Platz (vgl. S. 110) wie als Bild

Im Roman erwähnte indische Gottheiten

auf einem Kalender, den der von Balram bestochene Polizeibeamte in Bangalore in seinem Büro aufgehängt hat (vgl. S. 266). Diese Umgebungen zeigen bereits, wie sehr der Erzähler dazu neigt, den Götterglauben der Hindus zu ironisieren.

Krishna (vgl. S. 11) ist die Inkarnation des Höchsten, der in seinem Leben einmal als Wagenlenker (vgl. S. 159) seinem Herrn die Lehren des Bhagavad Gita dargelegt haben soll. Eine weitere Form der Höchsten Gottheit ist **Shiva** (vgl. S. 13). Im Honda City befinden sich Aufkleber mit dem Bild von **Kali** (vgl. S. 111 und 113), einer Göttin des Todes und der Zerstörung, aber auch der Erneuerung. **Hanuman** (vgl. S. 13, 16, 38, 66 und 154) ist eine populäre, affenartige Göttergestalt, Diener und treuer Helfer des Gottes **Rama** (vgl. S. 38 und 66); er hilft ihm bei der Rettung seiner Frau **Sita** (vgl. S. 38). Die Heldengeschichten um ihn kreisen immer um das Thema der Hingabe zum Göttlichen.

Im Hinduismus gibt es viele Varianten der religiösen Praxis, die sich je nach Region, Kaste oder sozialer Stellung der Gläubigen unterscheiden. **Sadhus**, die Mönche oder Einsiedler (vgl. S. 12 und 236), widmen ihr ganzes Leben der religiösen Meditation. Balrams Verhalten hingegen zeugt von einer verbreiteten Gleichgültigkeit gegenüber religiösen Lehrmeinungen und Geboten.

Kastenwesen

Seit der Unabhängigkeit Indiens (1947) gilt das hinduistische **Kastenwesen** als offiziell abgeschafft. Dennoch ist die Kastenzugehörigkeit noch immer ein zentrales Thema. Obwohl von 1997 bis 2002 mit Kocheril Raman Narayanan ein „Unberührbarer", ein Angehöriger der niedrigsten Kaste, Staatspräsident war, werden Menschen auch heute noch nach ihrer Kaste beurteilt. Der Roman macht dies an einer Reihe von Stellen (vgl. etwa S. 53) deutlich.

Merkmal vormoderner Gesellschaften

Mit dem Begriff Kastenwesen wird im weitesten Sinne eine Einteilung der Gesellschaft in Gruppen beschrieben, die in vielen **vormodernen Gesellschaften** vorkommt. Im europäischen Mittelalter gab es **Stände** – den Adel, die Geistlichkeit, die Stadtbürger und die abhängigen Bauern. Innerhalb der Städte waren Berufsgruppen in Zünften organisiert, deren Mitglieder zum Teil nur untereinander heirateten. Außerhalb dieser **europäischen Ständeordnung** standen unreine Berufe wie Abdecker und Henker, daneben Sinti und Roma sowie Juden. Im Gefolge der Französischen Revolution löste sich vielerorts in Europa die feste Einbindung der Menschen in die ständische Ordnung auf; gleichwohl war diese zunehmende soziale Durchmischung der europäischen Gesellschaften anfangs mit großen inneren und äußeren Hemmnissen verbunden; zahlreiche Werke der europäischen Literatur des 19. Jahrhunderts handeln entsprechend von der Problematik klassenübergreifender Beziehungen.

Das **indische** – vor allem unter Hindus verbreitete – **Kastenwesen** stellt eine dem europäischen Ständewesen vergleichbare traditionelle Struktur dar. Neben den **vier Hauptkasten**, den Brahmanen (früher die intellektuelle Elite, die Priester), den Kshatriyas (früher Krieger und Staatsdiener), den Vaishyas (früher Händler und Bauern) und den Shudras (früher Handwerker und Tagelöhner) gibt es noch die „Unberührbaren" (Dalits oder Parias). Einigen dieser Gruppen werden bestimmte Eigenschaften zugeschrieben, wie etwa den Brahmanen jene, Vegetarier zu sein.

Innerhalb dieser vier Stufen existiert eine **unübersehbare Zahl von Untergruppen**, Clans und Familienverbänden wie etwa den Halwai. All diese Gruppen sind regional unterschiedlich eingeteilt und überdies ständig in Bewegung. In vielen Fällen haben sich diese Kasten und Unterkasten von ihrem historischen Ursprung genauso weit gelöst wie Menschen in Deutschland, die Bauer, Koch oder

Müller heißen, in deren Familien dieser Beruf aber schon seit Generationen nicht mehr ausgeübt wird. Auf keinen Fall darf der Fehler gemacht werden, die Zugehörigkeit zu einer bestimmten Kaste mit Wohlstand einerseits oder Armut andererseits gleichzusetzen.

Aus dem Kastenwesen gibt es kaum Auswege. Eine Möglichkeit ist der Übertritt zum Christentum, die andere der Übertritt zur Kaste der *"Men with Big Bellies"*, wie es Balram im Roman formuliert (S. 54). Das bedeutet schlicht: Wenn man reich ist, ist es – weitgehend – gleichgültig, zu welcher Kaste man gehört.

Preise und Löhne in *The White Tiger*

Die häufig im Roman genannten Preise und Geldsummen müssen in ein Verhältnis zu anderen Preisangaben aus Indien gesetzt werden, um sie richtig einordnen zu können.

Das **Jahres-Durchschnitts-Einkommen in Indien** lag 2008 bei rund 38.000 Rupien. Das bedeutete einen Anstieg von 12 Prozent gegenüber 2007. Angesichts der sozialen Unterschiede besitzt der Begriff Durchschnitt aber letztlich wenig Aussagekraft, vor allem, wenn man bedenkt, dass beispielsweise Balram in *The White Tiger* „inoffiziell" beschäftigt ist, ohne Vertrag, Steuern und Sozialabgaben. Die Mehrheit der Inder ist „inoffiziell" beschäftigt.

Balram erhält als Chauffeur und Diener 3000 Rupien im Monat (vgl. S. 89 und 121), Ashok zahlt also (bezieht man den Betrag auf die Entstehungszeit des Romans) mehr als den Durchschnittslohn. Balram und Ram Bahadur sind dementsprechend verblüfft, als sie die Summe erfahren, die der Fahrer, der Ashok nach Delhi begleitet, erhalten soll (vgl. S. 89). Ram Bahadur verlangt entsprechend auch gleich 5000 Rupien, um Balram bei Ashok zu empfehlen. Allerdings darf Balram von seinem Lohn nach dem Willen der Großmutter jeweils nur 90 Rupien behalten, der Rest soll an die Familie gehen (vgl. S. 58). Dem fügt sich Balram aber nur während der ersten Zeit seines Berufslebens.

Das Anfangsgehalt bei der Feuerwehr in Mumbai beträgt 7000 Rupien im Monat. Das offizielle Gehalt eines Polizisten dürfte zwischen 5000 und 8000 Rupien im Monat liegen, Bestechungsgelder können leicht mindestens 10.000 Rupien zusätzlich im Monat ausmachen. Angehende Ärzte verdienen in einem Armenkrankenhaus 10.000 bis 20.000 Rupien im Monat, in privaten oder öffentlichen Kliniken leicht das Doppelte, vor allem bei steigender Erfahrung. Die Bestechungssumme, mit der das Amt eines Krankenhausinspektors gekauft werden kann (vgl. S. 41), liegt mit 400.000 Rupien also etwa bei zehn Monatsgehältern eines Arztes. Die Summe, für die Balram am Ende mordet, beträgt 700.000 Rupien (vgl. S. 27 und 241). Das entspricht fast zwanzig seiner Jahresgehälter und ist immer noch deutlich mehr als das Jahresgehalt eines Arztes.

Die offizielle (staatlicherseits festgelegte) „Armutsgrenze" in Indien beträgt 10 Rupien am Tag, also 300 Rupien im Monat. Diese Summe reicht aber nur zum Kaufen von Nahrung; alle anderen Kosten können damit nicht gedeckt werden.[5]

Folgende Summen werden im Roman genannt; die Euro-Angaben beruhen auf dem Wechselkurs im Sommer 2010:

S. 27 und 241 **Seven hundred thousand rupees** rund 12.300 Euro. Die Angabe, dass man für diese Summe zehn Apple Mac Laptops kaufen kann, ist demnach realistisch.

S. 41 **four hundred thousand rupees** rund 7000 Euro; Bestechungssumme für einen Verwaltungsposten im Gesundheitswesen.

S. 42 **five thousand rupees** rund 87,50 Euro, die Mitgift, die die Braut Kishans, also Balrams Schwägerin, mit in die Ehe bringt.

---

5 vgl. http://www.wakeupcall.org/administration_in_india/poverty_line.php; http://www.saching.com/Article/The-wide-disparity-in-the-salary-of-Doctors-in-India/4078 sowie http://in.answers.yahoo.com/question/index?qid=20060821023753AAk43GN (Stand: April 2012)

S. 45 **three hundred rupees** rund 5,30 Euro für die Fahrstunden, die der alte Fahrer Balram gibt.

S. 121 **Three thousand [rupees]** rund 53 Euro; Balrams Monatslohn.

S. 156 **one-hundred-rupee notes. Forty-seven of them** rund 82 Euro, also spürbar mehr als Balrams Monatslohn; die Entlohnung Balrams durch Pinky Madam für die nächtliche Fahrt zum Flughafen.

S. 176 **Sixty rupees** rund 1 Euro, für gebrauchte Zeitschriften.

S. 176 **five hundred and eight rupees** rund 9 Euro, für gebrauchte englische Zeitschriften.

S. 184 **thirty thousand [rupees]** rund 500 Euro, die Summe, die die exklusive blonde Prostituierte für ihre Dienste verlangt; zugleich der Gegenwert von zehn Monatsgehältern von Balram.

S. 193 **ten, twelve thousand [rupees]** rund 176 Euro;

S. 193 **Six thousand five hundred [rupees]** rund 113 Euro; der Preis der weniger exklusiven Prostituierten mit den (wie sich herausstellt) lediglich gefärbten blonden Haaren; die Summe entspricht immerhin noch zwei Monatslöhnen Balrams.

S. 220 **a thousand-rupee note** Ashok denkt zunächst über ein Drittel eines Monatslohns als Sonderzahlung für die Hochzeit nach. Am Ende gibt er nur 100 Rupien. Das ist auch für einen Chauffeur nicht viel Geld.

S. 258 **I am worth fifteen times the sum I borrowed from Mr. Ashok** Balram besitzt also inzwischen rund 180.000 Euro.

Autos in *The White Tiger*

In der Geschichte des Fahrers Balram kommen verschiedene Verkehrsmittel vor. Auf dem Land dominieren die Rikschas, die von Leuten wie Balrams Vater gezogen werden. Daneben gibt es Busse und LKWs. Private Autos sind auf dem Land ein Luxus. Dementsprechend sind die Einzigen, die zu Beginn der Geschichte als Autobesitzer in Erscheinung treten, die Großgrundbesitzer: Sie fahren in einem **Hindustan Ambassador** vor (vgl. S. 20; Abbildung s. S. 25 dieses Bandes). Dieses altmodische Fahrzeug basiert auf einem britischen Modell aus dem Jahre 1956 und wird seit 1958 ohne größere Änderungen im Design verkauft. Als Statussymbol kann es aber nur in einer Gegend dienen, in der sonst niemand Autos fährt.

Autos als Statussymbole

Die ersten Autos, mit denen Balram direkt zu tun hat, sind jene, die er im Haushalt des *Stork* in Dhanbad vorfindet. Er selbst fährt zunächst den **Maruti**, einen Kleinwagen, der in Indien auf Basis eines japanischen Suzuki-Modells gebaut wird. Der **Honda City** bleibt dem erfahrenen Fahrer vorbehalten. Dieses Auto besitzt im Gegensatz zum Maruti eine klassische Limousinenform. Er dient der Familie als Statussymbol.

Am Ende der Handlung, in Bangalore, macht sich Balram selbstständig. Die 26 Autos seines Unternehmens sind **Toyota Minibusse** des Typs **Qualis**. Wer 26 Minibusse besitzt, ist als Unternehmer ‚angekommen' und kann sich sogar seinen alten Herren gegenüber, den Besitzern altmodischer Ambassadors, überlegen fühlen.

John & Jane

Der **Dokumentarfilm** *John & Jane* von Regisseur Ashim Ahluwalia (geb. 1972 in Mumbai) aus dem Jahre 2005 beschreibt das Leben von **sechs jungen Menschen, die in Mumbai in einem Call-Center arbeiten**. Universitätsabsolventen in Indien sprechen ein weitgehend perfektes Englisch und können daher via Telefon Service-Dienstleistungen für die gesamte Welt anbieten. Anrufer aus den USA, die sich beim Kundenservice einer amerikanischen Firma glauben, sprechen oftmals in Wirklichkeit gerade mit einem

Menschen, der seinen Arbeitsplatz in Indien hat. Diese Call-Center sind rund um die Uhr besetzt, um Bestellungen und Beschwerden aufzunehmen oder übers Telefon Werbung für die Produkte ihrer Auftraggeber zu machen.

Wünsche und Träume indischer Call-Center-Mitarbeiter

Die sechs Mitarbeiter, die sich für ihre Arbeit amerikanische Namen gegeben haben, sprechen in Ahluwalias Film von ihren Wünschen und Träumen, von ihren Idealen und dem täglichen Frust des Jobs. Keiner möchte diese Arbeit auf Dauer machen; aber alle sind dennoch froh und dankbar, diesen vergleichsweise mühelosen Job zu haben. Einen Höhepunkt des Films bilden die Äußerungen einer blonden indischen Call-Center-Mitarbeiterin, die behauptet, echte rotblonde Haare zu haben. Die Reaktionen ihrer Umwelt auf ihre Haarfarbe lassen Vergleiche zum Roman zu.

Im Film sprechen die jungen Leute auch über ihr **Amerika-Bild**. Die USA sind für sie in klassischer Weise das Land der unbegrenzten Möglichkeiten, des Aufstiegs und des materiellen Erfolgs. Sie glauben, dass jeder Einwanderer dort schnell reich wird. Ihre eigene Lebenswelt in Mumbai steht in deutlichem Kontrast zu dem Überfluss der Angebote der Warenhäuser, für die sie die Bestellungen aufnehmen. So leben die Call-Center-Mitarbeiter als Pseudo-Amerikaner während ihrer Arbeitszeit in einer Art von Traumwelt und kehren nach Schichtende zurück in ihre indische Realität. Diesen Widerspruch vermögen die Interviewten nur zum Teil kritisch zu reflektieren; ganz überwiegend gehen sie in ihrer angenommenen Rolle als Amerikaner auf. So stellt sich für den Zuschauer am Ende die Frage nach den Gefahren einer Selbstentfremdung in der globalisierten Arbeitswelt.

Der Film "John & Jane" ist bei zweitausendeins erhältlich.

Slumdog Millionaire

Der Film des 1956 geborenen britischen Regisseurs Danny Boyle, der im Jahre 2009 **acht Oscars** (darunter in den Kategorien bester Film, beste Regie, bestes adaptiertes Drehbuch, beste Kamera und beste Filmmusik) sowie vier Golden Globes (bester Film, beste Regie, bestes Drehbuch und beste Filmmusik) gewann, erzählt die **Geschichte des Waisenkindes Jamal Malik**, der in der indischen Version von „Wer wird Millionär?" den Hauptgewinn erreicht. Der Film beruht auf *Q & A*, einem 2005 erschienenen Roman des 1963 geborenen indischen Diplomaten und Schriftstellers Vikas Swarup. Gegenüber dem Roman wurden wesentliche Teile der Handlung verändert.

Roman *Q & A* von Vikas Swarup

Der Film befasst sich mit dem modernen Indien und den großen sozialen Unterschieden zwischen Slumbewohnern und der neuen Mittelschicht. Die Hauptfigur Jamal Malik wird verdächtigt, in der Fernsehshow betrogen zu haben, da es für die Produzenten und die Polizei ausgeschlossen erscheint, dass ein junger Mann aus den Slums auf alle Fragen der Sendung die richtigen Antworten kennen kann. Jamal erzählt daraufhin den ihn verhörenden Polizisten seine Lebensgeschichte und erläutert dabei, durch welche Zufälle er sich die Kenntnisse angeeignet hat, die zur Beantwortung der Fragen nötig waren. Am Ende muss der Polizist zugeben, dass Jamals Geschichten wahr sein können.

Jamal verlässt nach dem Tod der Mutter mit seinem Bruder Salim die Slums, doch sie verlieren einander aus den Augen. Salim sieht in der Kriminalität einen Ausweg aus der sozialen Misere. Jamal hingegen bleibt ehrlich und arbeitet als Kellner in einem Call-Center. Er verliebt sich in Latika, die wie er aus den Slums von Mumbai stammt. Sie gerät als Prostituierte in die Fänge der organisierten Kriminalität. Sie begegnen sich immer wieder; beispielsweise haben beide mit Jamals Bruder Salim zu tun, der sich zum Helfer eines Mafiabosses hochgearbeitet hat, bei dem auch Latika wohnt. Doch schließlich verlieren sie sich aus den Augen. Weil er weiß, dass Latika die indische Version der Fernsehshow „Wer wird Millionär?" gerne sieht, bewirbt sich Jamal als Kandidat für die Show, um so wieder in Kontakt mit Latika treten zu können. Die Liebe zu ihr hält Jamal aufrecht, sie ist immer in seinen Hoffnungen und Träumen präsent. Am Ende bereut Salim seine Fehler und ermöglicht Latika die Flucht, um Jamal zu treffen.

Der Film ist aus einer ähnlichen Perspektive erzählt wie *The White Tiger*: Wie Balram teilt auch Jamal Malik seine Geschichte in Rückblenden mit. Beide Werke, *Slumdog Millionaire* und *The White Tiger*, schildern die Armut und soziale Ungleichheit im heutigen Indien. Beide präsentieren dabei Erfolgsgeschichten von Menschen, die aus dieser Armut herausfinden. Jamal Malik bleibt jedoch, im Gegensatz zu Balram, unschuldig. Auch wenn die Darstellung des sozialen Hintergrunds in *Slumdog Millionaire* ähnlich bitter ist wie in *The White Tiger*, so verrät der Film in dieser Beziehung doch auch viel Wunschdenken. Er bietet eine **romantische Liebesgeschichte mit Happy End**, die von einem sympathischen Helden getragen wird. *Slumdog Millionaire* ist ein Märchen; das unterscheidet den Film von Adigas realistisch-satirischem Roman.

6. PRÜFUNGSAUFGABEN MIT MUSTERLÖSUNGEN

Unter www.königserläuterungen.de/download finden Sie im Internet zwei weitere Aufgaben mit Musterlösungen.

Die Zahl der Sternchen bezeichnet das Anforderungsniveau der jeweiligen Aufgabe.

Die bei Simon & Schuster (Teilverlag „Free Press") erschienene amerikanische Ausgabe von *The White Tiger* enthält am Ende neben einem undatierten, viereinhalb Seiten langen Interview mit Aravind Adiga auch einen sogenannten *Reading Group Guide*, eine Liste mit Fragen, Aufgaben und Diskussionsanregungen, die als Vorlage für eine Prüfung benutzt werden können.

Die Liste ist im Netz zu finden unter:
http://www.readinggroupguides.com/guides_w/the_white_tiger1.asp (Stand: April 2012)

http://www.bookbrowse.com/reading_guides/detail/index.cfm?book_number=2119 (Stand: April 2012)

Die folgenden vier Aufgaben stammen nicht aus dieser Liste.

Aufgabe 1 (Grundkurs) *

Illustrate the role of women in the novel.

The first step is to remember all the relevant women in the story: Balram's mother, Kusum, Pinky Madam and the prostitutes. Uma, Mr Ashok's girlfriend, could be added. So only a few women are part of the plot, and not all of them have names.

Balram's mother dies at an early stage (cf. p. 12 and 13) and when Balram is still young. Her character does not contribute anything to the story; her death, however, makes Granny Kusum the central woman in Balram's family.

Kusum is important for the family and thus for the story. She rules the family: Balram and the other men are controlled by her. She manages the family income, organises marriages and dowries, sends men to work and receives their wages. She puts Balram's nephew Dharam into his care. The influence she has on the men in the family is immense, and in Kishan's example we can see that this is not good for them. She even takes part in the cover-up of the accident, as it will protect the family honour. She puts enormous pressure on Balram to get married. She is also the main reason why he does not care about his family after the murder. The impression she makes on the reader is not very positive. It must be granted, though, that in being so mean and nasty she tries to keep the family together in hard times when the rains do not come and the buffalo does not give enough milk (cf. p. 17, 163).

Another woman in Balram's life is **Pinky Madam**, who symbolizes the Western, liberated, modern type of woman. Balram is fascinated by her beauty and attractive appearance. On the one hand he is sexually aroused by her short skirts and her breasts, on the other he is appalled by the way she dresses, because in his eyes women are supposed to wear something more decent (cf. p. 65). Pinky thinks independently, her Western upbringing marking a stark contrast to the way women are supposed to act in India. Her marriage with Ashok must have been a marriage of love, something that is seldom heard of in a country where marriages are arranged by grandmothers.

Pinky Madam, however, is only responsible for the plot to move forward, she does not have any personal connection with Balram.

She is the one who causes the accident. The way Ashok's family deals with the incidence starts Balram thinking about all the unfairness around him – especially so when he sees Pinky outraged by the cover-up. Pinky also makes Balram clean his teeth, a first step towards self-awareness. When she finally leaves Ashok, the plot takes a new direction: Ashok is disillusioned and goes to see prostitutes, and then finally sees Uma again.

Prostitutes can be found at three important points in the story. First, when Balram gets his driver's licence, he is taken to a prostitute to celebrate the day. When he sees Ashok and the politician go to a blond prostitute, he becomes jealous of the rich. Finally, one of them called Anastasia stirs up a feeling of deep sympathy in Balram, because he sees her living in a cage very much like he himself. However, the moment when he notices that she has only fake blonde hair (p. 200) is the turning point in the novel. Blonde women appear throughout the novel as adorable and as a symbol for the desirability of a Western lifestyle, but here Balram has to face the fact that while the rich can afford real blonde Western women, ordinary people can only buy the cheap 'imitation'. So the prostitute with the coloured hair marks again the deep divide in Indian society between the "haves" and the "have-nots".

Then there is **Uma**, Ashok's ex-girlfriend, whom he meets again after Pinky left India in the Fifth Night chapter. Balram first regards her as just a prostitute, but then he sees who she really is. Ashok's family had been against a relationship with her, but after the disaster with Pinky he probably thinks that his family might accept Uma more readily than a Western woman.

The character of Uma underlines the impression that Ashok wants to break out of his family, of traditional stereotypes and social expectations of how he is supposed to live his life. With Uma, Adiga thus stresses the fact that Ashok is a nice man who does not deserve his fate. On the other hand, Uma does not like Balram, and she wants Ashok to replace him with a local man from Delhi. In doing this, she sets a deadline for Balram: Either he swiftly carries out his act, or he will go back into the Darkness.

Apart from Kusum, women throughout the novel are treated badly by the male characters. Not all of them have names, which underlines their role as minor characters. *White Tiger* is set in a man's world, where men decide and women merely react to their decisions. Kusum is the exception to that rule, but her decisions only affect the household of her family. Women are used by the author as symbols for the Light and the Darkness, the rich and the poor. Although Balram does not have a close relationship with a woman in the novel, women are responsible for some key points in the story.

Aufgabe 2 (Grundkurs) **

Comment on the statement: "The murder is downplayed".

The fact that the narrator is a murderer is obvious from the start. It says so on the blurb on the back cover. The reader starts the novel with the expectation that a murder will take place. Balram himself talks about the wanted poster (p. 9) and explains that he has killed Mr Ashok (p. 36). Very early in the story, Balram hints at the fate of his family: "if any of them are still living" (p. 17).

The murder is therefore always present. We do not know when and how Ashok will be killed, but it is clear that the servant will kill his master.

For some readers it might be exciting to know that a murder will take place, for others it might make the story seem boring. Having to wait until it happens, readers will deal with this different kind of suspense in different ways. Some will want to judge the actions and events in terms of how all that will lead Balram to kill: What will be the crucial point, the event that finally pushes Balram over the edge? How much more will he bear before he gains his freedom?

Balram himself provides enough reasons not to kill his master. In the Sixth Night chapter, he contemplates himself and his plan to take drastic action. Murder slowly creeps into his mind, and Balram agonises over it in inner monologues. It is not an easy, off-hand decision, but a lengthy development. Before this point, however, his nephew Dharam is sent to him. This moment is a classic example for a moment when the action stops and the protagonist has to rethink the issue. Will Balram continue with his plans? The extended passage about Dharam and their visit to the zoo (p. 236f) indicates that the murder is an important aspect of the story. Balram even practises the killing with Dharam. It is a key moment for Balram in which he truly breaks free, and just as powerful on the reader. Thus, given the space the narrative provides for the murder, it cannot be said to be downplayed.

One disturbing fact, however, remains: Balram gets away with the murder. Here a confessed murderer is living a free life, the bad guy is not brought to justice. This ending is in sharp contrast to our expectation: In most story lines, including TV and cinema, the bad guy does not win. We are used to the good guys winning, to order being restored. Thus, again, the murder is not downplayed. It might be more to the point to say that against all our expectations of how stories should end, Balram actually lives happily in Bangalore. In ending the novel like this, Adiga has created a rare exception to the rule. The murder is a necessary element for this.

Aufgabe 3 (Leistungskurs) ***

"Any boy in any village can grow up to become the Prime Minister of India." (p. 30) Explain the quote. Discuss whether it is true or not, according to *The White Tiger*. Contrast your findings with your knowledge about the USA.

The idea that every child can grow up to become President is at the heart of the American Dream. It means that humans are individuals with their own free will, their own choices and their own destiny. Individuals decide for themselves what they want to do; it is not decided for them by family origins, class distinctions, or lack of money. With hard work and a strong will, anyone can be successful.

In India, the most powerful office is that of the Prime Minister, so the Great Socialist changes this American phrase to make it fit the Indian context. The phrase is also invariably connected to the social injustice in India: Only if there is a bottom, there is a top where people aspire to be. Millions of Indians, especially in rural areas, are still illiterate, poor, without running water or a working health system. The idea to escape this background and to make it to the top must be very attractive. However, it can lead to two different political beliefs –"every man for himself" individualism on the one hand, or the strife for serious change in Indian society towards a more just distribution of wealth on the other hand.

The Great Socialist, unsurprisingly, uses the quote for socialist propaganda in his election campaign, promising the poor a better future. At first glance this is only an election slogan. The situation in the villages as described in the novel does not offer any hope. Ordinary villagers do not have decent schools, are controlled by corrupt landlords and have no chance to make themselves heard. Peasants, shop owners and rickshaw pullers are exploited and suppressed, and when someone actually wants to vote, he is beaten to death. Furthermore, the caste system seems to make it virtually impossible for a man to break free from his origins and become Prime Minister of India.

In the novel and in real life, however, examples against this bleak interpretation can be found, too. First there is Vijay, the bus conductor. He comes from the same poor region as Balram, his father was a pig herder. Vijay has managed to get a job with a fixed salary and a uniform. He allies with the Great Socialist and becomes important after the election. Even if this is not yet the Prime Minister's Office, prospects for Vijay look good. He has made it up to the top. In real life, K. R. Narayanan was President of India in 1997–2002, the first from the caste of the Untouchables. The story of how Lakshmi Mittal has become CEO of the world's largest steel manufacturer ArcelorMittal shows that becoming rich through hard work is indeed possible. Even Balram shows that success is possible, but his story has the serious fault of the murder he committed.

Crime, obviously, has no part in the traditional concept of the American Dream. Numerous success stories have shown in the past that it is possible in the USA to start low and end up at the top. Be it college drop-outs Bill Gates, who founded Microsoft, and Steve Jobs, who started Apple in his friend's garage in 1976; former Austrian bodybuilder Arnold Schwarzenegger, who became Governor of California in 2003; or be it Barack Obama, the son of a Kenyan exchange student, who became President in 2009: The American Dream, the central myth in the American ideology of individualism, lives on. But even in the USA, social background is important. Barack Obama managed to study at Harvard; Arnold Schwarzenegger married into the rich-and-famous Kennedy family; George Bush Jr. could draw on his family's fortune to feed his campaign: Class is a relevant factor; family background helps you a lot in life, even in America. This is all the more true if you are neither white nor a legal citizen. Nevertheless, enough people in the USA manage to break class barriers and become very successful in life, so that the majority of the rest continue to believe in the American Dream.

"Any boy in any village" is a myth, too. To be sure, some Indians have indeed achieved this miracle of personal success. It remains to be seen in the future, however, whether enough people will become rich and famous for the rest of Indian society to buy into the American creed.

Aufgabe 4 (Leistungskurs) ***

Illustrate the problems of violence and inequality in the novel.

Indian society is presented in *The White Tiger* as full of problems of violence and inequality. Aravind Adiga lets his protagonist Balram speak about numerous examples he faces every day.

A striking problem is, of course, the caste system. The idea of birth and family as a determining influence on your future life seems very strong in India. Because of his family name, Balram is seen as an ideal servant, driver and cook. Caste thus means a large clan-like family grouping that is defined by the work its members do. The author Adiga shows here that caste is something that is also thrown at you: While it is obvious that no one in Balram's family is a sweetmaker, people around him assume that he has a natural tendency for cooking. On the other hand, the other characters' castes are not mentioned. As Balram says, the caste system seems to be dissolving. It is being replaced by the difference between rich and poor. Caste, therefore, is not developed further in the novel; instead, another serious case of inequality is presented: poverty.

Balram describes Indian society as sharply divided into rich and poor. The rich have the big bellies and live 'in the light', while the poor are 'in the darkness' without even enough to eat. The rich traditionally are landlords who own the land and squeeze money out of their residents. Nowadays, the rich can also belong to the new middle and upper classes financed by the booming new technology companies. It is this world Balram finally manages to enter.

The poor form the rest of the country. They are the pig-herders, rickshaw-pullers, coal miners, peasants on the landlords' rice fields, the village teachers. They die young, from illnesses like tuberculosis that could be treated in decent hospitals. These people do not have the resources to name a child properly or to register its date of birth. In the cities they sleep under the bridges. Many of the poor are illiterate.

Money is made in new technologies, and unskilled workers are needed less and less. A large proportion of the rural poor seems superfluous to the newly rich. It is hard to imagine how this sharp division between structural poverty 'in the darkness' and newly created wealth 'in the light' can be closed. For the foreseeable future, the huge gap between rich and poor described in the novel will remain a problem of India. It threatens to erupt into violence on a much larger scale than depicted in the novel: There are the Naxals, who fight a terror campaign against the rich. There are policemen who beat people to death who actually stand up to vote. And then there is Balram, who sees no other chance than killing to break free. Violence is everywhere, but, given the differences between rich and poor, it happens on a surprisingly low level.

The last problem to mention is corruption. Everyone in the novel pays or receives bribes. Doctors, landlords, school teachers, tea-shop owners, politicians, policemen, drivers, guards: Everybody wants to be paid extra money to begin work, end work, break rules, or be quiet. Ashok does not like it, but because his family is illegally exporting coal, he has to bribe the politicians to look the other way. The problem is presented as so serious that the future of India seems threatened.

After the murder, Balram wants to be on the right side, the side of decency and law. But even then he needs to pay off the Bangalore police to start his business, and again later, when he has to deal with the accident. Even the good have to take part in the bad system. Inequality lies at the heart of this system, and violence might be seen as a solution by some – with unforeseeable consequences.

LITERATUR

Zitierte Ausgabe:

Adiga, Aravind: *The White Tiger.* New York: Free Press (a Division of Simon & Schuster, Inc.), 2008.

Weitere Ausgaben:

Adiga, Aravind: *The White Tiger.* New York: Atlantic Books (an Imprint of Grove/Atlantic, Inc.), 2008.

Adiga, Aravind: *The White Tiger.* Herausgegeben von Andreas Petermeier. Stuttgart: Klett Verlag, 2010 (Klett English Editions).

Adiga, Aravind: *Der weiße Tiger.* Übersetzt von Ingo Herzke. München: Verlag C. H. Beck, 2008.

Adiga, Aravind: *Der weiße Tiger.* Übersetzt von Ingo Herzke. München: Deutscher Taschenbuch Verlag, Dezember 2010.

Hörbücher:

Englisch:

mp3-CD: Adiga, Aravind: *The White Tiger.* Ungekürzte Lesung durch John Lee. Old Saybrook, Connecticut: Tantor Media, Inc., 2008. → Auf diese Ausgabe beziehen sich die mp3-Angaben.

Audio-CD: Adiga, Aravind: *The White Tiger.* Ungekürzte Lesung durch John Lee. Old Saybrook, Connecticut: Tantor Media, Inc., 2008. → Auf diese Ausgabe beziehen sich die CD-Angaben.

Adiga, Aravind: *The White Tiger.* Gekürzte Fassung, gelesen von Kerry Shale. London: Orion Books, 2008.

Deutsch:

Adiga, Aravind: *Der weiße Tiger.* Berlin: Der Audio Verlag, 2009.

Sekundärliteratur:

Sebastian, A. J. (Nagaland University, Kohima/India): Poor-Rich Divide in Aravind Adiga's The White Tiger. In: *Journal of Alternative Perspectives in the Social Sciences* (2009) Vol 1, No 2, S. 229–245. → Der Artikel untersucht die Darstellung der indischen Gesellschaft im Roman. Er findet sich im Internet unter www.japss.org/upload/6Poorrichdivide.pdf (Stand: April 2012).

Landeskunde Indien:

Rothermund, Dietmar: *Indien: Aufstieg einer asiatischen Weltmacht.* München: Verlag C. H. Beck Verlag, 2008.

Rothermund, Dietmar: *Indien.* Bonn: Bundeszentrale für politische Bildung, 2008 (Schriftenreihe der Bundeszentrale für politische Bildung, Band 731).

Indien. Informationen zur politischen Bildung. Heft 296, 2007. → Kostenlos erhältlich über die Internetseite der Bundeszentrale für politische Bildung: www.bpb.de.

Film:

Nach dem großen Erfolg von *Slumdog Millionaire* sind Meldungen über eine geplante Verfilmung von *The White Tiger* kaum überraschend. Seit 2009 wird von verschiedenen Medien berichtet, der britische Autor Hanif Kureishi arbeite am Drehbuch. Bei Fertigstellung des Manuskriptes im April 2012 waren keine weiteren Informationen verfügbar (vgl. auch: http://filmdramas.suite101.com/article.cfm/white-tiger-the-movie).

Internet:

Über die gängigen Suchmaschinen kann eine große Zahl von Rezensionen des Romans gefunden werden. Auch neuere Arbeiten von Aravind Adiga lassen sich auf diesem Weg ermitteln. Um spezifisch indische Reaktionen auf den Roman zu sichten, kann die Domain auf *.in* (für Indien) beschränkt werden. Auf *Youtube* sind Interviews mit Aravind Adiga verfügbar. Seine eigene Seite aravindadiga.com enthält knappe Informationen zur Person sowie Verweise auf Artikel von ihm, die in verschiedenen Zeitungen erschienen sind.

Interviews mit Aravind Adiga finden sich unter folgenden Internetadressen:

http://www.themanbookerprize.com/perspective/articles/1125
http://fictionwritersreview.com/interviews/interiew-with-aravind-adiga-the-white-tiger
http://www.guardian.co.uk/books/2008/oct/16/booker-prize
(Alle Internet-Links vor Drucklegung überprüft im April 2012.)

STICHWORTVERZEICHNIS